全民阅读体育知识读本

U0723845

围棋——黑白中的乾坤

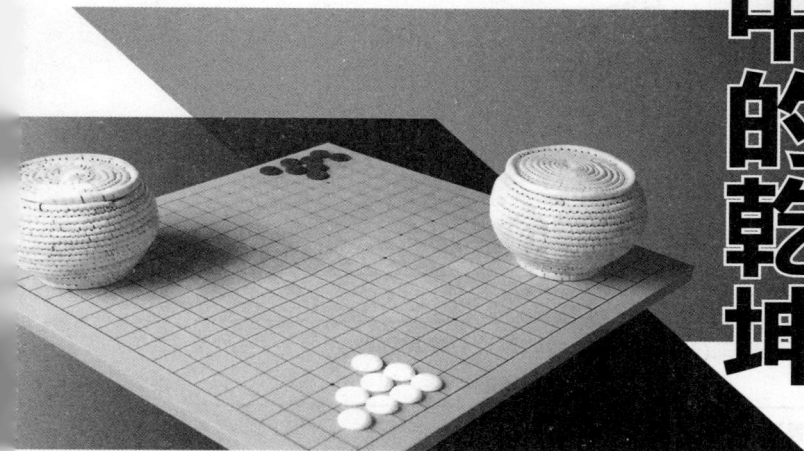

盛文林/著

台海出版社

图书在版编目（CIP）数据

围棋：黑白中的乾坤／盛文林著. －－北京：
台海出版社，2014.7
（全民阅读体育知识读本）
ISBN 978－7－5168－0430－8

Ⅰ.①围… Ⅱ.①盛… Ⅲ.①围棋－基本知识
Ⅳ.①G891.3

中国版本图书馆 CIP 数据核字（2014）第 174942 号

围棋：黑白中的乾坤

著　　者：盛文林

责任编辑：刘文卉　　　　　　　装帧设计：视界创意
版式设计：林　兰　　　　　　　责任印制：蔡　旭

出版发行：台海出版社
地　　址：北京市朝阳区劲松南路 1 号　　邮政编码：100021
电　　话：010－64041652（发行，邮购）
传　　真：010－84045799（总编室）
网　　址：www. taimeng. org. cn/thcbs/default. htm
E － mail：thcbs@ 126. com

经　　销：全国各地新华书店
印　　刷：北京一鑫印务有限公司
本书如有破损、缺页、装订错误,请与本社联系调换

开　　本：655×960　　　　1/16
字　　数：130 千字　　　　　　　印　　张：12
版　　次：2014 年 10 月第 1 版　　印　　次：2021 年 6 月第 3 次印刷
书　　号：ISBN 978－7－5168－0430－8

定　　价：29.60 元

前　言

围棋起源于中国古代，在两汉时期普及，南北朝时围棋的地位逐渐提高并开始盛行于世。至唐朝时随棋官制度而开始兴盛，然后经宋、元、明几朝的积累和发展，终于在清朝康、乾年间达到鼎盛时期。以后，曾一度衰落。新中国成立后，它又焕发了新的生命。随着我国经济的迅猛发展，综合国力的不断增强，围棋的发展环境得到巨大改善，中国围棋发展的新时代已经到来。

在今天，围棋绝不仅仅是一种游戏，也不单纯是一种竞技体育项目，它更多地被赋予了文化内涵。如变化无穷的人生一样难以预测，棋理也类同于做人处世的道理，等等。同时它的文化外延更是联系着哲学、天文、数学、军事、教育、艺术等诸多领域。而正是围棋的这些文化内涵将会在为培养我国跨世纪的人才方面发挥出重要的作用。

围棋集知识性、趣味性、竞争性与一体，能吸引孩子全身心地投入。培养学生的爱国主义、集体主义及良好的行为规范和文化礼仪。学习围棋可以促进学生的身体心理素质。

围棋比赛作为一项竞技体育项目，不仅比较棋手水平的高低，还要受身体素质的影响，没有良好的身体素质，就不会有旺盛的精力投入到围棋赛中。

围棋还具有高度的艺术性，它自古以来和琴、书、画并称为四大艺术，是中华民族古老传统文化中的一颗璀璨明珠。数千年来，围棋以其高雅、复杂、深邃、微妙的内涵深受知识阶层人士的钟爱。围棋对于培养孩子发现美、感觉美、认识美、创造美等诸多能力是极有裨益的。

希望本书能够弘扬围棋文化，让广大读者感受到围棋的魅力，深受这种文化的影响，体会人生的意境，并且在追求棋道的过程中，理解生活，完善人格，勇敢地迎接充满挑战性的未来。

编　者

目　录

PART 1　项目起源

关于围棋起源的传说

被人们形象地比喻为黑白世界的围棋，是我国古人所喜爱的娱乐竞技活动，同时也是人类历史上最悠久的一种棋戏。

中国，是围棋的发源地，至今已有数千年历史，是中国传统文化中一颗具有独特风采的明珠。

相传，上古时期尧都平阳，平息协和各部落方国以后，农耕生产和人民生活呈现出一派繁荣兴旺的景象。但有一件事情却让尧帝很忧虑，散宜氏所生子丹朱虽长大成人，十几岁了却不务正业，游手好闲，聚朋嚣讼斗狠，经常招惹祸端。大禹治平洪水不久，丹朱坐上木船让人推着在汾河西岸的湖泊里荡来荡去，高兴得连饭也顾不上吃了，家也不回了，母亲的话也不听了。散宜氏对帝尧说："尧啊，你只顾忙于处理百姓大事，儿子丹朱越来越不像话了，你也不管管，以后怎么能替你干大事呀！"尧帝沉默良久，心想：要使丹朱归善，必先稳其性，娱其心，教他学会几样本领才行。便对散宜氏说："你让人把丹朱找回来，再让他带上弓箭到平山顶上去等我。"

这时丹朱正在汾河滩和一群人戏水，忽见父亲的几个卫士，不容分说，强拉扯着他上了平山，把弓箭塞到他手里，对他说："你父帝和母亲叫你来山上打猎，你可得给父母装人啊。"丹朱心想：射箭的本领我又没学会，咋打猎呢？丹朱看山上荆棘满坡，望天空白云朵朵，眨了眨眼睛，说："兔子跑得快，鸟儿飞得高，这山上无兔子，天上无飞鸟，叫我打啥哩。天下百姓都听你的话，土地山河也治理好了，哪用儿子再替父帝操心呀。"尧帝一听丹朱说出如此不思上进、无心治业的话，叹了一口气说："你不愿学打猎，就学行兵征战的石子棋吧，石子棋学会了，用处也大着哩。"丹朱听父帝不叫他打猎，改学下石子棋，心里稍有转意，"下石子棋还不容易吗？坐下一会儿就学会了。"丹朱扔掉了箭，要父亲立即教他。尧帝说："哪有一朝一夕就能学会的东西，你只要肯学就行。"说着拾起箭来，蹲下身，用箭头在一块平坡山石上用力刻画了纵横十几道方格子，让卫士们捡来一大堆山石子，又分给丹朱一半，手把着手地将自己在率领部落征战过程中如何利用石子表示前进后退的作战谋略讲解给丹朱。丹朱此时倒也听得进去，显得有了耐心。直至太阳要落山的时候，帝尧教子下棋还是那样的尽心尽力。在卫士们的催促下，父子俩才下了平山，在水泉里洗了把脸，回到平阳都城。此后一段时日，丹朱学棋很专心，也不到外边游逛，散宜氏心里踏实些。尧帝对散宜氏说："石子棋包含着很深的治理百姓、军队、山河的道理，丹朱如果真的回心转意，明白了这些道理，接替我的帝位，是自然的事情啊。"谁料，丹朱棋还没学深学透，却觉得下棋太束缚人，一点自由也没有，还得费脑子，犯了以前的老毛病，终日朋淫生非，甚至想用诡计夺取父帝的位置。散宜氏痛心不已，大病一场，快快而终。帝尧也十分伤心，把丹朱迁送到南方，再也不想看到丹朱，还把帝位禅让给经过他三年严格考察认为不但有德且有智有才的虞舜。虞舜也学尧帝的样子，用石子棋教子商均。以后的陶器上便产生围棋方格的图形，史书有"尧造围棋，以教丹朱"的记载。

PART 2 历史发展

春秋至三国时期的围棋

春秋战国时期，围棋已在社会上广泛流传了。《左传·襄公二十五年》曾记载了这样一件事，公元前559年，卫国的国君献公被卫国大夫宁殖等人驱逐出国。后来，宁殖的儿子又答应把卫献公迎回来。文子批评道："宁氏要有灾祸了，弈者举棋不定，不胜其耦，而况置君而弗定乎？"用"举棋不定"这类围棋中的术语来比喻政治上的优柔寡断，说明围棋活动在当时社会上已经成为人们习见的事物。

两汉、三国时期围棋迅速发展，逐渐深入到社会生活的各个层面。不少的帝王将相、文人雅士都是围棋的爱好者，如刘邦、班固、曹操、孙策等。其中，班固著有《弈旨》是历史上第一篇专门论述围棋的理论文章，孙策与吕范的"孙策诏吕范弈棋局"是流传至今的最早的棋谱。

今天的围棋是19道，围棋在诞生之初是多少道呢？据考证推断：它不会超过13道或11道。至东汉三国时期，已通行17道的围棋，三国时期，19道围棋可能开始流行。到了南北朝时，19道围棋占据了主要地位，开始通行。

古代围棋有座子制度，起源于何时很难考定，但东汉时期已经盛行了。

三国时，已采用九品中正制评定棋手的等级：一曰入神、二曰坐照、三曰具体、四曰通幽、五曰用智、六曰小巧、七曰斗力、八曰若愚、九曰守拙。

两晋南北朝和隋朝时期的围棋

围棋经过这一时期的发展，地位大幅提高，围棋之风空前盛行，上至帝王，下至百姓，莫不风从。围棋的艺术功力和艺术地位得以确认，与音乐、书法、绘画并列，开始成为衡量一个人的艺术才能和艺术修养的标准之一。

由于南北朝时期玄学的兴起，导致文人学士以尚清谈为荣，因而弈风更盛，下围棋被称为"手谈"。上层统治者也无不雅好弈棋，他们以棋设官，建立"棋品"制度，对有一定水平的"棋士"，授予与棋艺相当的"品格"（等级）。当时的棋艺分为九品，《南史·柳恽传》载："梁武帝好弈，使恽品定棋谱，登格者二百七十八人"，可见棋类活动之普遍。现在日本围棋分为"九段"即源于此。上述这些变化，极大地促进了围棋游艺技术的提高，为后来围棋游艺在中国的进一步发展和向国外的传播奠定了基础。

唐五代时期的围棋

到了唐代出现了棋官制度，有了棋待诏和棋博士。最著名的棋待诏有王积薪等人。王积薪著有《棋诀》，后人在其基础上概括为现在广为流传的"围棋十诀"：不得贪胜、入界宜缓、攻彼顾我、弃子争先、舍小就大、逢危须弃、慎勿轻速、动须相应、彼强自保、势孤取和。

棋待诏和棋博士制度，是古代专职棋官制度成熟的表现，对围棋棋艺水平的发展，起了巨大的作用。

所谓棋待诏，就是唐翰林院中专门陪同皇帝下棋的专业棋手。当时，供奉内廷的棋待诏，都是从众多的棋手中经严格考核后入选的。他们都具有第一流的棋艺，故有"国手"之称。唐代著名的棋待诏，有唐玄宗时的王积薪、唐德宗时的王叔文、唐宣宗时的顾师言及唐信宗时的滑能等。由于棋待诏制度的实行，扩大了围棋的影响，也提高了棋手的社会地位。这种制度从唐初至南宋延续了500余年，对中国围棋的发展起了很大的推动作用。

从唐代始，围棋随着中外文化的交流，逐渐越出国门。首先是日本，遣唐使团将围棋带回，围棋很快在日本流传。不但涌现了许多围棋名手，而且对棋子、棋局的制作也非常考究。如唐宣宗大中二年（848年）来唐入贡的日本国王子所带的棋局就是用"揪玉"琢之而成的，而棋子则是用集真岛上手谈池中的"玉子"做成的。除了日本，朝鲜半岛上的百济、高丽、新罗也同中国有来往，特别是新罗多次向唐派遣使者，而围棋的交流更是常见之事。《新唐书·东夷传》中就记述了唐代围棋高手杨季鹰与新罗的棋手对弈的情形，说明当时新罗的围棋也已具有一定的水平。

围棋的对外传播，扩大了中国和各国人民的文化交流，使各国人民对中华民族的优秀文化有了更深的认识。

宋朝时期的围棋

北宋时期，棋艺理论的研究和著述出现了重大的突破性进展，其标志是《棋经十三篇》的产生。

《棋经十三篇》的作者是张靖。全书十三篇，归纳起来，可分为几个方面：

一、推本棋局和棋子的形制给以理论上的解释："万物之数，从一而起。局之路三百六十一。一者，生数之主。三百六十以象周天之数。分而为四，以象四时，隅各九十路，以象其日。

二、论述弈者应具备的棋艺修养和棋德。"多算胜，少算不胜，而况于无算乎？""博弈之道，贵乎谨严"，"随手而下者，无谋之人也，不思而应者，求败之道也。"

三、论述对弈中的战略战术和基本要领。"高者在腹，下者在边，中者占角"，"宁输数子，勿失一先"，"立二可以拆三，立三可以拆四，与势子相望，可以拆五"，"盘角曲四，局终乃亡。直四板六，兼是活棋。花聚透点，多无生路。四隅十字，不可先纽。"

《棋经十三篇》是一部划时代的棋艺经典著作，作者以渊博的棋艺知识和棋艺修养，在前人的基础上，全面、系统地提出了围棋的基本理论和实践理论。全篇语言精炼生动，充满辨证思维，对棋手特别是初入门径者具有很强的指导意义。

继《棋经十三篇》之后，宋代还有两部重要的棋艺著作，一是刘仲甫的《棋诀》，一是李逸民的《忘忧清乐集》。《忘忧清乐集》是目前能见到的最早的棋谱集。

在宋代，随着围棋观念的分化，形成了一种将艺术性、趣味性、娱乐性的围棋同竞技性的围棋从本质上区分开来的文人士大夫围棋观念，苏轼的"胜固欣然，败亦可喜"成了这一观念的标志。

元明清时期的围棋

元代围棋发展的最重大事件，是《玄玄棋经》的出现。《玄玄棋经》本名《玄玄集》，该书由严德甫、晏天章辑撰。全书取古代六艺之名，分为礼、乐、射、御、书、数6卷。以死活研究最为详尽，最为精妙，是全书的精华。这表明元代围棋在局部攻杀上已达到了很高的水平。

《玄玄棋经》约成书于元至正九年（1349），成书之后广为流传。明代《永乐大典》、清《四库全书》均收入，被历代棋家奉为典范。该书于日本宽永（1624－1643）时代传入日本。日本还出了《玄玄棋经俚谚抄》，可见其影响之大。

明代的帝王大都喜好围棋，如朱元璋曾与刘基弈棋并作联。朱元璋出以"天作棋盘星作子，日月争光"，刘基对以"雷为战鼓电为旗，风云际会"，对得十分工整。

明代围棋高手辈出，著作甚多，以过柏龄最为有名，他著有《四子谱》、《受三子谱》、《官子谱》等。

元明时期的戏曲小说如《三国演义》、《西游记》、《封神演义》、《金瓶梅词话》等都有下围棋细节的描写，可见围棋在当时社会的普及。

明清两代，棋艺水平得到了迅速的提高。其表现之一，就是流派纷起。明代正德、嘉靖年间，形成了三个著名的围棋流派：一是以鲍一中（永嘉人）为冠，李冲、周源、徐希圣附之的永嘉派；一是以程汝亮（新安人）为冠，汪曙、方子谦附之的新安派；一是以颜伦、李釜（北京人）为冠的京师派。这三派风格各异，布局攻守侧重不同，但皆为当时名手。在他们的带动下，长期为士大夫垄断的围棋，开始在市民阶层中发展起来，并涌现出了一批"里巷小人"的棋手。他们通过频繁的民间比赛活动，使得围棋游艺更进一步得到了普及。

随着围棋游艺活动的兴盛，一些民间棋艺家编撰的围棋谱也大量涌现，如《适情录》、《石室仙机》、《三才图会棋谱》、《仙机武库》及《弈史》、《弈问》等20余种明版本围棋谱，都是现存的颇有价值的著述，从中可以窥见当时围棋技艺及理论高度发展的情况。

满族统治者对汉族文化的吸收与提倡，也使围棋游艺活动在清代得到了高度发展，名手辈出，棋苑空前繁盛。清初，已有一批名手，以过柏龄、盛大有、吴瑞澄为最。尤其是过柏龄所著《四子谱》二卷，变化明代旧谱之着法，详加推阐以尽其意，成为杰作。

清康熙末到嘉庆初，弈学更盛，棋坛涌现出了一大批名家。其中梁魏今、程兰如、范西屏、施襄夏四人被称为"四大家"。四人中，梁魏今之棋风奇巧多变，使其后的施襄夏和范西屏受益良多。施、范二人皆浙江海宁人，同于少年成名，人称"海昌二妙"。据说在施襄夏30岁、范西屏31岁时，二人对弈于当湖，经过10局交战，胜负相当。"当湖十局"下得惊心动魄，成为流传千古的精妙之作。

晚清时期的围棋

乾隆后期，自施定庵、范西屏之后，中国棋界后继乏人，呈现青黄不接的迹象。

从嘉庆、道光直至鸦片战争前后崛起的国手，一般被称为"晚清国手"，他们的棋力比盛清国手有大幅度的下降。嘉庆、道光年间，经济萧条，社会动荡。从经济基础与上层建筑的关系来看，"棋运"与"国运"竟不谋而合地先后下降；此种状况绝非偶然。可以认为：正是清代"国运"的不断衰落，才引起围棋活动的迅速走向滑坡。晚清时期的著名棋手有：陈子仙、周小松以及后来的"晚清十八国手"。

清代末年，当中国围棋节节下降的时候，与中国一衣带水的日本围棋活动正在蓬勃兴起。中日围棋的一衰一盛，形成了强烈、鲜明的对比。

围棋自我国传入日本后，长期以来深受日本人民喜爱。早在距今400年前，日本已完成了废除围棋"座子"的重大改革。19世纪明治维新以后，"方圆社"、"本因坊"两大围棋门阀英才辈出，日本围棋水平已远远超过了中国。

中日两国棋手的真正较量始于高部道平的来访。高部道平（1882 – 1951）生于日本东京，22岁获四段称号，27岁时他开始了足以辉煌弈史的漫游。1909年间，高部来到中国，战胜了包括段祺瑞在内的所有中国名手，将对手纷纷降至让子，显示出日本职业棋手的先进技术和扎实功力。此后，高部还多次访华。

高部道平的来访，揭开了近代中日围棋交流的序幕。大量对局，将中日双方棋力悬殊的实况大白于天下，使中国棋手懂得了长期闭关自守、固步自封所带来的严重危害，同时也激发了他们强烈的民族自尊心，促成了中国围棋（包括废除"座子"及"还棋头"在内）的一系列重大改革。

民国时期的围棋

随着中日棋手之间的接触交流，在棋界掀起了一股学习日本棋艺的新风。因此，民国时期中国围棋水平比清末有所提高，但进步速度仍相当缓慢。

民国时期的著名棋手有吴清源、王子晏、顾水如、汪云峰等。在这一时期，中日之间的围棋交流已相当频繁。1926 年 8 月，日本岩本薰（六段）、小杉丁（三段）来访，岩本薰在北京与年仅 12 岁的中国少年吴泉（清源）对局，吴在初让三子的条件下战胜了岩本，改让 2 子后，吴少年始以微差致败。1927 年冬，井上孝平（五段）来北京与已有"神童"之誉的吴清源对局，初由井上让 2 子，连弈 2 局，井上均因形势被动而打挂。后改为让先，弈 3 局，双方 1 胜、1 负、1 打挂。井上对吴清源的才华惊叹不已。1928 年 9 月，日本濑越宪作派遣他的弟子桥本宇太郎（四段）到北京，进一步考察吴清源的棋力，结果吴执黑连胜两局。同年 10 月，吴清源终于东渡日本，后来终成为名满天下的大国手。

在老一辈革命家中，如朱德、李立三、陈毅、贺龙、薄一波、黄克诚、方毅等都会下围棋，而陈毅则是提倡围棋活动的代表人物。陈毅元帅还曾为围棋杂志的创刊赋诗一首："纹枰对坐，从容谈兵，研究棋艺，推陈出新，棋虽小道，品德最尊，中国绝艺，源远根深，继承发扬，专赖后昆，敬待能者，夺取冠军。"

新中国成立后的围棋

新中国成立初期的围棋活动

中华人民共和国建立以后围棋主要在上海、北京等几个大城市开展。经大家公议，以刘棣怀（1942 年日本棋院授予四段）为标准定位，升段标准采用日本的升段制度，段以下设级。

1952 年 4 月，中华人民共和国建立后的第一个棋艺机构——北京棋艺研究社成立了。

奠定围棋运动发展基础

从 1956 年起，围棋正式定为国家开展的体育运动项目，由国家体委直接领导。从 1956 年至 1962 年，国家体委先后采取了若干重大措施，以推动围棋的发展。这些措施主要有：

（1）1956 年举行全国围棋表演赛，从 1957 年起，定期举行全国的围棋比赛。

（2）努力促成中日围棋交流。

（3）制定围棋规则。

（4）组建国家围棋集训队。

（5）筹备成立中国围棋协会。

（6）颁布《中国围棋棋手段位制条例》。

（7）支持新闻报道和出版发行围棋书刊。

这些措施不仅在当时推进了围棋的普及和提高，更为今后的围棋大发展奠定了坚实的基础。

1961 年首次成立国家围棋集训队。1962 年 11 月 11 日中国围棋协会成立大会在安徽举行。1957 年第一次全国围棋比赛举行，北京过惕生获得冠军，1958 年第二次围棋赛上海刘棣怀获得冠军。此二人代表着我国建国初期围棋的最高水平，称为"南刘北过"。

1960 年第一本围棋月刊《围棋》在上海正式出版。

围棋新手的崛起

1960 年、1962 年的全国围棋比赛，出现了中青年棋手和老年棋手竞相争雄的势头。1964 年，年轻的陈祖德获得了全国冠军。从此，以陈祖德、吴淞笙、王汝南、华以刚、罗建文等为代表的新中国培养出的年轻棋手担当起了中国棋坛的主力，并把中国围棋技艺水平提到了一个新的高度。

1965 年，陈祖德在分先的情况下战胜了日本九段棋手岩田达明。

这是中国棋手第一次在对抗赛中战胜日本九段棋手，为中国围棋的发展立下了光辉的里程碑。

从 1962 年起，至 1966 年中日围棋代表团多次互访、交流。这些交流对中国围棋的迅速提高起到了积极作用。

围棋运动的挫折和恢复

"文革"中，围棋运动也受到冲击，国家集训队被解散，只留下陈祖德、吴淞笙、王汝南、华以刚、曹志林、邱鑫、黄德勋 7 人为种子，分配到北京第三通用机器厂当工人。1973 年至 1975 年在周总理、邓小平同志的关心、支持下，围棋运动才得以恢复。1974 年，全国围棋比赛恢复举行，陈祖德获得冠军。1975 年第三届全运会的围棋比赛举行，首次采用黑棋贴 2 又 3/4 子的围棋规则。聂卫平获得金牌。1977 年，国家体委对围棋运动的发展专门作出部署，此后围棋运动全面恢复。

1975 年，聂卫平技压群雄，获得第三届全运会围棋冠军，标志着陈祖德之后又一代新手的崛起。此后 10 多年，聂卫平一直是在国内外成绩最为突出的一位棋手。先后获得 1975、1977、1978、1979、1981、1983 年的全国冠军，1979 年至 1983 年，连拿五届"新体育杯"冠军。在 1976 年的访日比赛中，连克日本九段藤泽秀行、加田克司、岩田达明、石田芳夫等，取得 6 胜 1 负，被誉为"聂旋风"。从 1985 年至 1988 年，在"NEC 中日围棋擂台赛"中，连克日本超一流棋手，取得 11 连胜，为中方获得前三届擂台赛的胜利立下殊勋，后被国家体委授予"棋圣"称号。

PART 3 目前状况

中国围棋运动的大发展

1979 年以后，围棋运动得到空前的大发展，主要表现是：

（1）以中国棋手访问欧洲和参加世界业余围棋锦标赛为标志，表明中国开始参加和推动世界的围棋活动。

（2）以中日围棋比赛由友谊赛变为对抗赛和中日围棋擂台赛为标志，表明中日围棋对抗时期的到来。

（3）围棋正式实行段位制度，鼓励和促进棋艺水平的提高。

（4）各种邀请赛和杯赛的兴起，围棋爱好者人数的猛增。

（5）新闻报道的重视和书刊出版的日趋繁荣。

1979 年，第一届世界业余围棋锦标赛举行，聂卫平、陈祖德分获冠、亚军。此后，刘小光、邵震中、曹大元、马晓春、王群分别获得第二至第六届比赛的冠军。

1981 年施行的段位制，段位分九段至初段，段以下设 1—9 级。首批授予的九段棋手有聂卫平、陈祖德、吴淞笙。

中日围棋交流向多渠道发展，从 1984 年起，中日围棋交流从过去的"友谊赛"变为"对抗赛"，中国围棋的进步得到了世界的承认。

中日对抗时期

中日围棋比赛的更名和 1985 年中日围棋擂台赛的举行，标志着中日围棋交流正式进入了对抗时期。

1984 年 10 月 5 日至 1985 年 11 月 20 日，第一届中日围棋擂台赛举行，日方是：依田纪基五段、小林觉七段、淡路修三九段、片冈聪天元、石田章九段、小林光一十段、加藤正夫王座、藤泽秀行名誉棋圣。中方是：汪见虹六段、江铸久七段、邵震中七段、钱宇平六段、曹大元八段、刘小光八段、马晓春九段、聂卫平九段。80% 的中方爱好者和 91% 的日方爱好者都认为日方将获胜。但实际进程充满戏剧性。汪见虹先负于依田，之后，江铸久五战连胜立下大功。接着，日方小林光一十段连扳六盘，使形势急转直下。关键时刻，聂卫平毫不畏惧，沉着应战，8 月 27 日，2 目半击败小林，打破了日本超一流棋手不可战胜的神话，8 月 29 日，执白再胜加藤，砸开日方的双保险，请出了日方擂主藤泽秀行。11 月 20 日，双方在北京展开决战，上至国家领导人，下至普通老百姓，万众瞩目，聂卫平最终执黑 3/4 子获胜，第一届擂台赛以中方胜利宣告结束。

1986 年 3 月 20 日至 1987 年 5 月 1 日，第二届中日围棋擂台赛举行，日方是：楠光子七段（女）、森田道博三段、今村俊也七段、小林觉八段、片冈聪八段、山城宏九段、酒井猛九段、武宫正树九段、大竹英雄九段。中方是：芮乃伟七段（女）、张璇六段（女）、钱宇平七段、邵震中七段、曹大元八段、江铸久八段、刘小光八段、马晓春九段、聂卫平九段。芮乃伟先胜楠光子、森田道博，后负于今村俊也，今村俊也在战胜张璇后负于钱宇平。之后，小林觉以锐不可当之势力克钱宇平、邵震中、曹大元、江铸久、刘小光，止步于马晓春阵前，但马晓春又负于片岗聪。这时，中方只剩 1 人，而日方还余 5 人，形势岌岌可危，聂卫平临危受命，挽狂澜于即倒，连闯五关，终于赢得第二届擂台赛的胜利。

1987 年 5 月 8 日，第三届中日围棋擂台赛举行。日方是：小川诚子四段（女）、宫泽吾朗七段、石井邦生九段、小林觉九段、工藤纪夫九段、大平修三九段、山城宏九段、武宫正树九段、加藤正夫九段。中方是：杨晖七段（女）、刘小光八段、王群八段、钱宇平九段、芮乃伟八段（女）、江铸久八段、曹大元九段、马晓春九段、聂卫平九段。杨晖胜小川诚子后负于宫泽武朗，接着，刘小光四连胜使中方领先，后负于大平修三。两天后，王群击败大平，但不敌山城宏。山城宏连胜王群、钱宇平、芮乃伟、江铸久、曹大元五员大将，直杀马晓春阵前，危急时，马晓春再现"扳头人物"的本色，遏制了山城宏，又再接再厉战胜武宫。下面加藤虽胜了马晓春，但终不敌聂卫平，中方赢得第三届擂台赛的胜利。

这期间，群众性围棋活动和围棋出版事业蓬勃发展，《围棋天地》于 1985 年 1 月创刊，这是继《围棋》月刊后又一本围棋专业刊物。为了适应我国棋牌事业发展的需要，经国家出版局批准，1985 年 6 月在成都正式成立了蜀蓉棋艺出版社。它是我国唯一的一个棋牌专业出版社，其前身是《成都棋苑》编辑部，它先后出版了大量的围棋专业书籍，为围棋的普及和发展作出了重要贡献。

中日韩"三国鼎立"

目前围棋主要流行于中日韩三国（这三国的围棋水平，围棋人口都是远超其它国家的），在亚洲其它地区也有发展。特别是朝鲜，他们的最高水平已达到中日韩三国的较弱的职业棋手。

　　在欧洲、美洲，围棋普及事业也有所发展（主要是最近几十年发展较快），例如欧洲每年都有盛大的欧洲围棋大会，整个欧洲的围棋爱好者都会赶来参赛。虽然有大量中日韩高手不断迁至欧美国家进行教学，但总的来说这些国家围棋人口还是很少，围棋水平还是很弱，有些国家的最高水平只有中日韩的业余4段左右。因此，围棋发展之路任重而道远。

　　中国是围棋的发源地，但在近代围棋发展却止步不前，在上世纪50年代，曾有一位来访的日本五段女棋手，横扫当时中国的顶尖高手，令中国围棋颜面扫地。

　　不过，在最近30年，中国围棋发展迅速，从聂卫平，马晓春到常昊，胡耀宇，邱峻，丁伟，中国棋手的实力不断加强，中国的围棋人口也不断增多。

　　现在，中国围棋人口总数大约在2500万左右，估计实际数字还在不断增加，而且这当中还有许多业余高手。

　　职业棋手人数则在300左右（此数字在不断增加中），在国际大赛上表现抢眼。

　　总的来说，中国围棋的进步是十分明显的，但相比韩国的围棋普及率，我们的围棋人口比例还是太少了。所以人们常说"100个中国男人里有90个会下中国象棋，但可能只有5个会下围棋。"因此，中国围棋的普及之路还很漫长。

　　现在，世界围棋水平的格局是中、日、韩"三国鼎立"。

PART 4 竞赛规则

中国围棋竞赛规则（2002 年版）

总则

第 1 条　围棋的棋具

1. 棋盘

棋盘由纵横各十九条等距离、垂直交叉的平行线构成。形成 361 个交叉点，简称为"点"。

棋盘整体形状以及每个格子纵、横向相比，横向稍短，通常为每格 2.4 厘米：2.3 厘米。

在棋盘上标有九个小圆点，称作"星"。中央的星又称"天元"。

2. 棋子

棋子分黑白两色，形状为扁圆形。

棋子的数量应能保证顺利终局。正式比赛以黑、白各 180 子为宜。

第 2 条　围棋的下法

（1）对局双方各执一色棋子。

（2）空枰开局。

（3）黑先白后，交替着一子于棋盘的点上。

（4）棋子下定后，不再向其它点移动。

（5）轮流下子是双方的权利，但允许任何一方放弃下子权而使用虚着。

第 3 条　棋子的气

一个棋子在棋盘上，与它直线紧邻的空点是这个棋子的"气"。

直线紧邻的点上如果有同色棋子存在，这些棋子就相互连接成一个不可分割的整体。

直线紧邻的点上如果有异色棋子存在，此处的气便不存在。棋子如失去所有的气，就不能在棋盘上存在。

第 4 条　提子

把无气之子清理出棋盘的手段叫"提子"。提子有二种：

（1）下子后，对方棋子无气，应立即提取对方无气之子。

（2）下子后，双方棋子都呈无气状态，应立即提取对方无气之子。

第 5 条　禁着点

棋盘上的任何一点，如某方下子后，该子立即呈无气状态，同时又不能提取对方的棋子。这个点叫做"禁着点"。

第 6 条　禁止全局同形

着子后不得使对方重复面临曾出现过的局面。

第 7 条　终局

（1）棋局下到双方一致确认着子完毕时，为终局。

（2）对局中有一方中途认输时，为终局。

（3）双方连续使用虚着，为终局。

第 8 条　活棋与死棋

（1）终局时，经双方确认，不能被提取的棋都是活棋。

（2）终局时，经双方确认，能被提取的棋都是死棋。

第 9 条　计算胜负

着子完毕的棋局，采用数子法计算胜负。将双方死子清理出盘外后，对任意一方的活棋和活棋围住的点以子为单位进行计数。

双方活棋之间的空点各得一半。

棋盘总点数的一半 180.5 点为归本数。一方总得点数超过此数为胜，等于此数为和，小于此数为负。

采用贴子方式的围棋竞赛，另行制定胜负标准。

竞赛规定

第 10 条　先后手的确定

对局的先后手，由大会抽签编排或对局前猜先决定。竞赛规程对此应作明确表述。

猜先的顺序是：先由高段者握若干白子暂不示人。低段者出示一颗黑子，表示"奇数则己方执黑，反之执白"，出示两颗黑子则表示"偶数则己方执黑，反之执白"。高段者公示手握白子之数，先后手自然确定。双方段位相同时，由年长者握子。

第 11 条　贴子

正式比赛采用黑棋贴子制度，终局计算胜负时，黑棋贴还 3 又 3/4 子。例如黑方总共得 185 子则黑胜 3/4 子，得 184 子则黑负 1/4 子，得 184.5 子则为黑胜 1/4 子。

第 12 条　计时

计时是保证比赛顺利进行的重要手段之一。一切有条件的比赛均应采用计时制度。

1. 计时器

提倡使用电子语音计时器。允许继续使用指针式机械钟。正式比赛时，计时钟一律置于白方右手一侧。人工读秒提倡使用秒表，允许使用其它计时器。高等级的由专职裁判员负责计时的比赛，由主办方另行规定计时器种类和放置方式。

2. 时限

不同的赛事均应事先规定一局棋的每方基本时限。

3. 读秒

读秒是强制性的延续比赛的办法。在采用规定基本时限外加读秒制的比赛中，应事先明确，在规定时限内保留几分钟开始读秒。此类慢棋比赛的读秒每手棋限时为 60 秒，不足 60 秒的着手不予计时。达到 60 秒的视为已使用保留时限之中的 1 分钟。

读秒工作由裁判员执行。60 秒一手的读秒方式为：30 秒、40 秒、50 秒、55 秒、58 秒、1 分、还剩 × 分。用至最后一分钟时，读秒方式变为：30 秒、40 秒、50 秒，此后随即以准确的语音逐秒报出：1、2、3、4、5、6、7、8、9、10。裁判员读出"10"而棋手同时落子或尚未落子，均应判为已使用 1 分钟。

采用 30 秒、20 秒、10 秒或其它读秒办法的快棋比赛，可根据上述原则，事先规定读秒实施细则。

4. 包干用时制

包干用时制是规定基本时限之内必须结束比赛的计时办法，超时判负。

包干用时制的赛事均应事先规定基本时限，规定计时器材，并可制订其实施细则，但以下几条须共同遵守。

（1）计时钟一律置于白方右手一侧。

（2）下子和按钟必须使用同一只手，不得一只手下棋，另一只手按钟。

（3）下单官仍须计时。

（4）当一方放弃盘上竞争而导致放弃着手权时，允许终止计时，双方可争之点全部归属于对方。双方地界的勘定由裁判长负责。

（5）提倡使用电子钟计时。使用机械指针式钟计时，以计时钟的红针倒下、分针、秒针均超过"12"为超时。

（6）当计时钟发生故障时，裁判长应根据实际情况作出临时更换计时钟、解释计时钟读数、对某方超时判负等果断裁决。

（7）裁判长有权制止无理消耗对方时间的非正常行棋。

5. 定时限步制

这是象棋、国际象棋延时办法的移植。用完基本时限后，限在规定时间之内着完规定的步数。例如每 10 分钟限着 15 手等。着完规定的步数而未用完规定时间，节余时间可延至下一节使用。

第 13 条　终局

（1）除总则第 7 条的规定外，凡参赛一方弃权或被判负、判和的棋局，也作终局处理。

（2）双方确认终局的次序是：先由轮到着手的一方以简洁的语言表明"棋局结束"，"棋已下完"，对方予以回应，终局即告成立。

第 14 条　对局的暂停和封棋

在规定有暂停的比赛对局中，暂停时间不计入对局时限。规定的暂停时间一到，裁判员应立即指示对局双方退场，同时暂时关闭计时器，待续弈时重开计时器。

采用封棋制度的赛事，应另行制订封棋实施细则。

第 15 条　棋手的职业道德和赛场纪律

（1）棋手参赛，一律不得下假棋，搞君子协定等作弊行为。

（2）棋手不得无故弃权和中途退出比赛。

（3）比赛时，棋手不准有任何妨碍对方思考的行为。

（4）比赛中和暂停时，当局者不准与其他人议论该局，不准查阅有关资料。

（5）比赛中禁止参赛者与其他人谈论与本局有关或与本队有关的内容。实属必要的谈话，应经裁判长许可并在裁判员监督下进行。一般情况下不得超过 2 分钟。

（6）对局者应注意言行文明，保持衣着整洁。

（7）棋手进入赛场必须关闭手机、呼机。

（8）棋手在对局中吸烟，必须符合比赛当地的法律和赛会的规定。

第 16 条　棋手的权利和义务

（1）弘扬职业道德，遵守赛场纪律，维护赛场秩序，确保竞赛顺利进行是棋手的义务。

（2）读秒时，棋手有查询剩余时间的权利。如读秒至最后一分钟而裁判未以相应方式读秒，棋手有权利要求裁判员按规定从读错之处重新读秒。

（3）对于妨碍正常比赛的违规行为，棋手有提出意见和申诉的权利。但对于一局棋中对手违规行为的具体申诉，须在对局进行当时立即提出，逾期失效。

（4）在双方正式确认胜败结果之前，棋手有权提出复核。对方有义务真诚配合复核。经对局双方和执行裁判正式确认的胜败结果，任何人均无权改变。

（5）对局中一方离席期间，对方可以下子。当离席方回席时，对方有义务指明落子点。

（6）比赛终局后，棋手有整理好棋具并按规定退场的义务。

（7）参赛棋手有准时参加赛会规定的开、闭幕式和其他礼仪性、公益性、宣传性活动的义务。

裁判法则

第 17 条　行棋

（1）已由赛会确定先后手的比赛中，如开赛后拿错黑白棋，在第10 手之前（含）允许改正。超过 10 手棋之后，一律不予改正。此后的编排工作以原先赛会确定的为依据。

（2）一方并未表示弃权，另一方连下两着，判第二着无效并警告一次。

（3）棋子离手，表示着子权完成。完成着子权后，再将棋子拿起下在别处，称为悔棋。发生悔棋时，由对方于下一手着手之前向裁判提出方为有效。悔棋无效，判棋子放回原处，并警告一次。如一方的棋子不慎掉落于棋盘，经对手同意后，允许其拣起后任选着点。如双方不能达成一致意见，则由裁判长裁决。

（4）在使用计时器的比赛中，须于着子之后才能按计时器。着子之前或与着子同时按计时器的，判警告一次，不改变计时器读数。

（5）比赛途中如发现前面下的棋子已有移动，在双方意见一致的前提下，应将移动之子挪回原处。无法确认原处时，允许挪子于双方一致认可的点。如果双方无论如何不能达成一致意见，裁判长可根据移动之子对棋局进程的影响程度，判：

①移动之子挪至合理点；②移动之子有效；③和棋；④重赛；⑤双方均负。

采用电脑进行积分编排的比赛，由于编排时成绩一项不可空缺，不能判双方均负时，允许采取抽签办法决定轮次的编排。

如有故意移子的证据，则应判移子者为负。

（6）比赛中，因非对局双方原因造成棋局散乱，经复盘，如双方达成一致意见，应按复盘次序继续比赛。如果无论如何不能达成一致意见，裁判长可根据实际情况，判：

①和棋；②重赛；③双方均负。

双方均负之后的抽签，按第17条第5款的原则处理。

如对局者确属无意中散乱了棋局，允许复盘续赛。不能复盘的，则判散乱棋局一方为负。

第18条　提子

（1）下子后，误提对方有气之子，判误提者警告一次，将有气之子放回原处。

（2）下子后，未提或漏提对方无气之子，判未提、漏提者警告一次并提取无气之子。

（3）劫争须找劫材时未找而提劫，判提劫之手无效，弃权一次并警告一次。

第 19 条　禁着点

棋子下在禁着点上，判着手无效，弃权一次。

第 20 条　禁止全局同形再现

全局同形再现是妨碍终局的唯一技术性原因，原则上必须禁止。

（1）禁止单劫立即回提；

（2）禁止假生类多劫循环；

（3）原则上禁止三劫循环、四劫循环、长生、双提两子等全局同形再现的罕见特例。根据不同比赛，也可制定相应的补充规定，如无胜负、和棋、加赛等。

第 21 条　终局

（1）轮到着手的一方提议终局，随之放弃着手。如果对方不同意就此终局，则应允许对方着子。放弃着手方随即恢复着手权利，对局重新开始，直至双方一致同意终局。

（2）双方已经确认终局，如果盘上尚留有可争之点，其归属按双活方式处理。

（3）双方已经确认终局后，一方或双方即使又发现了有效手段，也不允许重新开始对局。

（4）对死棋和活棋的确认，对局双方意见必须一致。如有争议，重新开始对局，由认为是死的一方先下，以实战解决。

第 22 条　计时

（1）赛场和住地分离的，比赛开始时，棋手迟到不得超过 1 小时（含），超过这一时限判负。未超过这一时限的，在其规定时限内加倍扣除。暂停后续弈时迟到，一律打开计时器进入自然计时状态，但不设迟到判负时限。

（2）赛场和住地基本上同在一处的，比赛开始时棋手迟到不得超过 15 分钟，超过这一时限判负。其他规定同上款。

（3）双方迟到应按以上两款分别处理，直至判双方负。关系到下一轮抽签时，按第 17 条第 5 款原则处理。

（4）在不设规定时限或规定时限很短的快棋比赛中棋手迟到，应实施按时缺席读秒。棋手在读秒过程中入座，允许参加比赛。如读秒过程告终，棋手即自动失去该局参赛资格。

（5）读秒至最后 1 分钟超时而未着子，原则上应按判负裁决，但经读秒方申请，也可视为放弃着手权使用虚着，改判弃权一次，允许续弈，继续实施原先读秒方式。

（6）提子是着手的组成部分，包含提子的着手，必须全部提清之后方可按钟，违者判警告一次，不改变计时器读数。读秒过程中出现提子，仍视全部提清为着手结束，应照常读秒。

（7）读秒期间棋手在对方思考时间之内离席，须征得裁判员许可，每局仅限一次。其余情形的棋手离席，一律照常读秒。

（8）比赛开始之后，发现计时器故障和失准，读数总和的误差超过每小时 2 分钟（含）的，应立即更换计时器，并参照双方已用时间按比例拨正时间。误差小于此数的，可以更换计时器但不改拨时间。单方面的时间读数改拨，须经裁判长的认可。

（9）比赛暂停时，裁判员应将前半段双方用时记录在案并经对局双方确认。续弈时如发现计时器故障和失准，并且找不到前半段双方用时书面记录时，前半段用时判为双方均摊，对执行裁判员另行教育和处罚。

第 23 条 赛场纪律

（1）在比赛中下假棋、搞君子协定等作弊行为，一经查实，可对有关棋局立即判负或判双方负。如现场已经宣布了比赛结果，已经按这一结果进行了下一轮抽签，甚至在经过数局之后才证实作弊行为，仍允许作出部分或全部取消单方或双方成绩的处罚。情节严重的，允许作出今后的停赛处罚。

（2）棋手报名参赛后，无正当理由，部分或全部退出比赛除对有关棋局判负之外，允许作出今后的停赛处罚。

（3）对于比赛中严重妨碍对方思考和扰乱赛场秩序的行为，根据情节严重程度，允许判警告一次或判负。

（4）比赛中和暂停时，当局者与其他人议论该局或者查阅有关资料的，根据情节严重程度，允许判警告一次或判负。

（5）比赛中违反第15条第5款交谈规定的，根据情节严重程度，允许判警告一次或判负。

（6）无正当理由不参加竞赛规程规定的开、闭幕式和其他礼仪性、公益性、宣传性活动的棋手，除通报批评之外，根据情节和社会影响的严重程度，允许作出降一个名次发放奖金及停赛处罚。

（7）在赛场中禁止正在参赛的棋手的手机、呼机发出响声，初违者判警告一次，再违者判负。凡注视手机、呼机屏面显示内容的，一律判负。已赛完的棋手及不参赛的棋手在赛场中使用手机、呼机的，由大会通报批评。

（8）棋手在对局中违反赛会禁烟规定而吸烟者，判警告一次。再违者判负。

第24条　警告处罚

（1）被判警告一次时，该局计算胜负时在原规定基础上，被警告方罚出一子。

（2）一名棋手在一局中，被判两次警告，则判该局为负。

比赛办法

第 25 条　比赛的种类

1. 个人比赛

2. 团体比赛

有两个以上的队参加，每队人数相等，通过事先约定的比赛方法分出胜负的比赛称为团体赛。团体赛是个人比赛的延伸，比赛类型有：分台定人制、定台换人制、临场出人制、全队轮赛制、队员总分制等。

目前的全国团体赛一般采用分台定人制，各队按棋手段位结合近期公布等级分，排定台次，台次一经排定，比赛中不得更改。现行的职业联赛，采用临场出人制，即赛前由教练员排定出场名单，棋手可以替换，台次可以任意变动。

在允许有替补队员的比赛中，替补细则由赛会竞赛部门制定。

3. 棋手的段位及段位赛

段位是根据体育运动技术等级的要求，结合围棋项目实际而设置的棋手技术等级制度。职业棋手设初段至九段等 9 个等级；业余棋手设 1 段至 7 段等 7 个等级。职业段位和业余段位是性质完全不同的技术等级，职业棋手的段位主要通过全国段位赛获得，段位的晋升有专门设置的制度。而业余棋手的段位，主要通过参加地方举办的省、市、县等不同等级的比赛，及省、市、县等不同等级段位等级赛获得。参加国家承认的全国性大赛，获得相应的成绩，经批准可以获得业余 6 段的段位。经特别认定的业余围棋锦标赛冠军，可以获得业余 7 段称号。

第 26 条　比赛办法

根据参加比赛人数的多少，赛程的长短，可采用不同的比赛办法。

1. 淘汰制比赛

分单败淘汰、双败淘汰和多败淘汰三种，败局超过限度即被淘汰，被淘汰者即失去继续比赛资格。

2. 循环赛制比赛

分单循环、双循环和多循环三种，是由参赛个人或队，与其他参赛者逐一比赛的赛制。

3. 积分编排制比赛

以积分的相同或相近为主要原则而进行编排的比赛，为积分编排制比赛。由于它的轮次可以根据情况适当增减，赛程介于淘汰制和循环制之间。

4. 积分编排加淘汰

在积分编排比赛办法的基础上，结合多败淘汰进行的比赛叫积分编排加淘汰赛。这一方法适合使用电脑编排，必须注意参赛人数和淘汰人数的比例，并且始终要保持参赛人数为偶数的原则。

5. 多局决胜制

在某些重大的比赛中，冠亚军决赛采用多局决胜制。最少为 3 局 2 胜制，最多为 7 局 4 胜制等。

6. 擂台赛

用打擂台的形式进行的团体对抗赛。参赛的人数由双方事前商定并排定出场顺序。

第 27 条　成绩的计算

一、个人赛

1. 记分办法：每局棋的结果，在成绩表上，胜者记 2 分，负者记 0 分，和者各记 1 分。

2. 名次确定

（1）采用循环赛制的比赛，计算成绩时，积分高者名次列前。如遇积分相同，则按下列原则依次比较，直至区分出名次。

A. 累计个人所胜对手积分，加上所和对手积分的一半进行相互比较（胜者小分），分数高者名次列前。

B. 整个比赛，警告次数少者名次列前。

C. 如不允许名次并列，可加赛或抽签区分名次。

（2）在采用积分编排制的比赛中，可以采取以下两种办法区分名次：

A. 比较总得分，总得分高者名次列前。总得分计算公式为：

总得分 = 个人积分 +（ - 轮次）如总得分相同，则按上项 B、C 二条区分名次。

B. 比较积分区分名次，积分高者名次列前。积分相同，比较对手积分区分名次。如对手积分相同，则按上项 B、C 二条区分名次。

二、团体赛：

1. 记分办法

团体赛每人局分的记法和个人赛相同。每场比赛根据两队间局分的多少记场分。局分多者为胜，场分记 2 分；局分少者为负，场分记 0 分；局分相等者为平，场分各记 1 分。

2. 名次确定

（1）在循环赛制的团体赛中，各队所得场分高者名次列前；如场分相同，局分高者名次列前；如局分相同，比第一台棋手的局分，高者名次列前；以下依次相比，如全部一样，允许并列。

（2）在积分编排赛制的团体赛中，团体成绩根据总得分或总积分的高低区分名次，总得分计算办法与个人积分编排制比赛相同。如相同则依循环赛顺序区分名次。

（3）区分名次的加赛：如比赛不允许名次并列，可安排加赛。加赛的细则，包括局数、时限、团体人数等，由竞赛组织机构事先制定。

第 28 条　棋手退出比赛

棋手退出比赛，按下列办法处理：

（1）比赛尚未开始，有棋手退出比赛，在时间允许的情况下应重新抽签。

（2）在循环制赛中，如果棋手退出比赛，其已赛局数不足总轮次的一半，则其已赛成绩全部无效。如果已赛局数达到轮次的一半，则其已赛成绩有效，以下的比赛按弃权处理。

（3）在积分编排制比赛中，棋手退出比赛，其已赛成绩有效，以后的比赛不再编排。

（4）在对抗赛或团体赛中，棋手中途退出比赛，已赛成绩均有效，未赛部分均作弃权处理。

竞赛组织及其他

第 29 条　竞赛组织

根据比赛的需要，建立相应的组织机构，负责比赛的筹备工作，处理竞赛中的问题，做好比赛善后工作。比赛的筹备工作主要是：

（1）根据比赛的规模和条件，聘请相应数量的裁判员，并指定裁判长。如裁判员人数较多，也可以增设副裁判长。

（2）根据报名人数，确定比赛的方法和赛程。

（3）准备比赛的场地和器材。

第 30 条　裁判长的职责

（1）草拟本次比赛的竞赛补充规定，提供组委会讨论通过执行。

（2）组织裁判员学习本规则和本次竞赛规程，并进行比赛前的实习工作。

（3）对裁判员明确分工，对严重失职的裁判员有撤消裁判员资格的权利。

（4）主持比赛的首轮抽签，监督比赛的编排及成绩公布。

（5）检查比赛场地、设备及用具。

（6）及时处理裁判员上报的各种问题，处理竞赛工作出现的特殊事例。

（7）比赛结束后，向大会宣布比赛优胜名次。

（8）做好赛后总结，对裁判员写出评语。

（9）维护赛场纪律，倡导优良赛风，做精神文明的带头人。

第 31 条　裁判员的职责

（1）裁判员应熟悉规则、了解规程，严肃认真，公正准确执行裁判任务。

（2）坚决服从大会各项规定，维护赛场纪律，对犯规或违纪行为做出公正判决。

（3）认真及时完成裁判长交办的各项工作。

（4）及时公布成绩，对难以处理的重大问题及时上报裁判长。

（5）赛前检查比赛器材，不做妨碍棋手比赛的动作，不对未完棋局议论探讨。

第 32 条　比赛器材

1. 棋盘

标准的围棋盘略呈长方形。横线的等距离为 2.3 – 2.4 厘米，纵线的等距离 2.45 – 2.55 厘米，棋盘的外侧留有 2.5 厘米边线为宜。棋盘的颜色应为鹅黄色，配黑色线条为宜。比赛棋盘的厚度，应在 2.5 – 5.5 厘米之间。

2. 棋子

标准围棋子的直径为 2.25 – 2.35 厘米，厚度不超过 1 厘米为宜。比赛用棋子大小、颜色一定要统一，不得有异样的棋子出现。

3. 计时钟

围棋比赛计时钟由两个钟面，两个按钮组成，能够一停一走并可以同时停止。

4. 秒表

读秒使用一般的秒表。基层比赛可以用手表读秒。

5. 比赛用桌

一般比赛用桌高度 70 厘米，宽度 60 厘米为宜。职业的高规格的比赛，根据条件可以使用沙发配相应的茶几，大致就坐与下棋感到舒服为宜。

第 33 条：本规则的解释权属国家体育总局。

PART 5 场地设施

围棋的棋具

围棋的棋具由一个棋盘和一副棋子（有黑白两个颜色）所构成。

如图 5 - 1 所示，围棋的棋盘是南十九条等距离平行的横线和竖线交叉组成的网格，网格上共形成 361 个交叉点，也简称为"点"。所有的棋子被规定只能下在这些交叉点上。

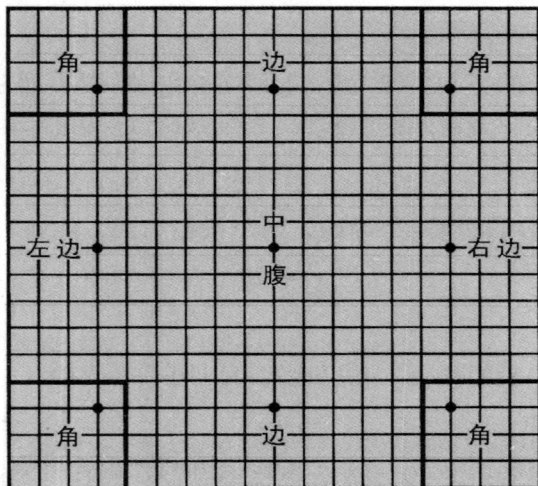

图 5 - 1

棋盘上标有9个黑点，这9个点的主要作用是帮助棋手迅速地识别棋子在棋盘上的位置。9个黑点都称作"时星"，正中的"星"又称作"天元"，天元就像是制高点一样，站在这个制高点上可以鸟瞰着整个棋盘，进而掌握全局。棋盘上的纵横直线可以用来识别棋子的位置，通常以"某边（分上边、下边、左边、右边）几路线"来表示，线路的数法如图5-2箭头方向所示，由各条边向中腹方向数，分别为一路线、二路线、三路线、四路线，将高于五路线的部分归为中腹。

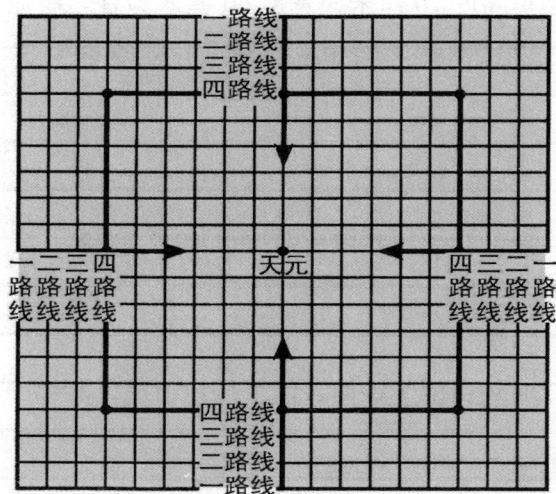

图 5 - 2

棋盘分为角、边、中腹三部分，但三者之间并没有明显的界线。图1中用粗线围起来的地方习惯上我们称作围棋盘上的四个角。

边与中腹的区分，中腹指图2中粗线以内（如箭头所示）的中央地带，棋盘的四条边是粗线以外的地带（包括四路线，但四具角除外）。

棋盘上的线路还有高低位之分，高位规定的范围是粗线以上的线路（包括四路线），所谓低位就是粗线以下的三路线。

在围棋中，围棋子分为黑、白两种颜色，呈扁圆形状。一副完整的棋子，黑、白两色棋子各是180个子。

比赛器材

比赛用桌

一般比赛用桌高度 70 厘米，宽度 60 厘米为宜。职业的高规格的比赛，根据条件可以使用沙发配相应的茶几，大致就坐与下棋感到舒服为宜。

秒表

读秒使用一般的秒表。基层比赛可以用手表读秒。

计时钟

围棋比赛计时钟由两个钟面，两个按钮组成，能够一停一走并可以同时停止。

PART 6 项目术语

围棋基本步法术语

围棋基本步法是对奕中最常用的一些基本行棋方法。这些基本步法都有专门的术语作为它们的代称。

长

在原有棋子所在的直线上，紧接着下一子，称作"长"。

长可以扩大原有的一排子的势力，或者延长它的气数。图 6－1 中

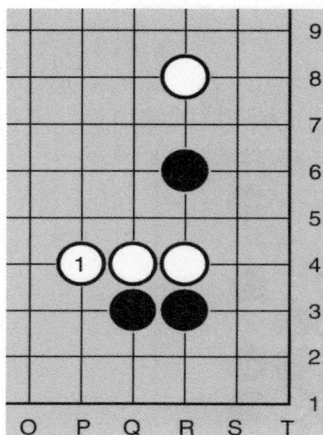

图 6－1

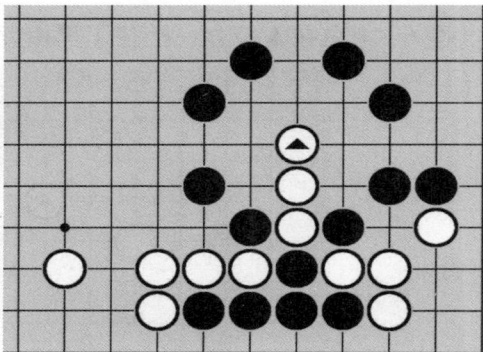

图 6－2

白1长，这一着加强了原有二子的势力，是十分重要的一着。若被黑棋走在此处，白二子就处于十分被动的状态。

图6-2白▲长，延长了原有二子的气数。白由三气增至五气，而黑被围四子仍只有四气，对杀结果黑差一气被杀。

立

当对局双方的棋子在边、角上相接触的时候，顺着自己的棋向下"长"一子，称作"立"。

立主要用于加强己方的阵地，挡住对方进入己方阵地的缺口，抢占官子等场合。

图6-3白方在▲位立，加强了白阵，防止了黑在a位打入的手段。

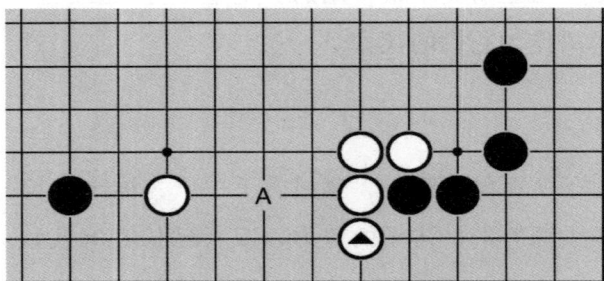

图6-3

图6-4白在▲位立，挡住了黑由此进入白方阵地的缺口。

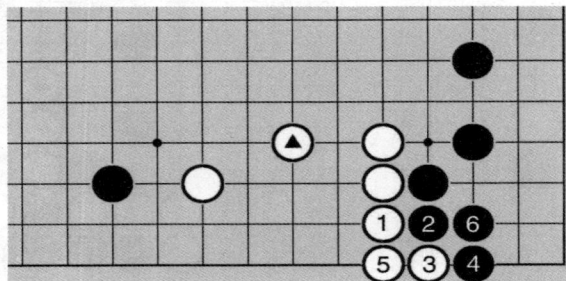

图6-4

跳

"跳"是指在原有棋子的同一条直线上，隔开一路下一子，也称作"关"或"单关"。

跳可以加快棋子前进步伐，是应用甚广的基本步法。

图6-5白在▲跳，这样棋头比黑快一路，避免了黑棋的封锁。当黑棋有●子时白走跳要注意黑a位冲断的手段。

图6-6白走▲跳，侵入黑方阵地，黑空被削减很多。黑若a位冲，则白b渡，黑无法分断白▲子。

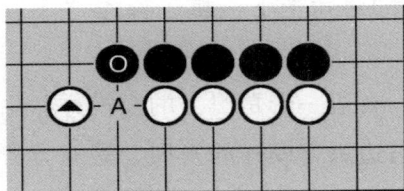

图6-5

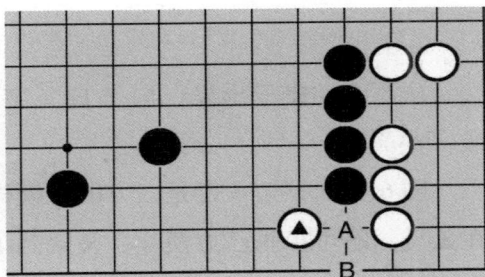

图6-6

图6-7黑走●跳，补上了角部黑空的缺口，黑有了●子的接应，下一手黑在a位攻入白阵就十分严厉。若黑不走●子，直接在a位打入（深入对方阵地着子，围棋称为"打入"）。白方可以在三、3位占角转换（舍弃一处的利益，在另一处取得补偿，围棋称为"转换"）。

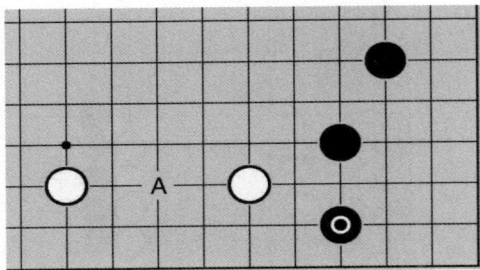

图6-7

图6-8黑走●位关（向中央跳，又称作"关"），可以尽快地将孤棋逃向中央广阔地带。这是走畅孤棋的一种常用步法，有"逃宜关"之说。

图6-9白走▲关，加强了白阵，使这块空模样转化为实空。对于隔三、隔四的阵形，常需走关补强。

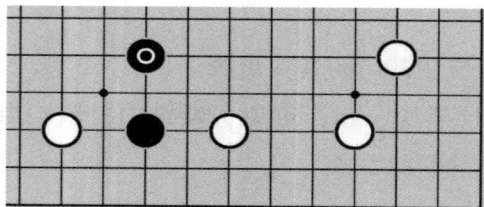

图6-8

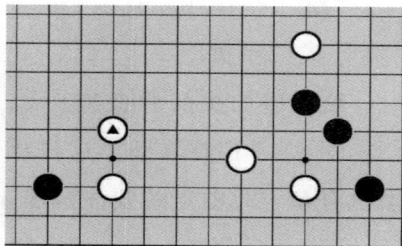

图6-9

飞

从原有的棋子出发，向"日"字形的对角上下一棋子称作"飞"，或"小飞"。

图6-10下边一带是白方的空模样，右边一带是黑方的空模样。白在▲飞，既可扩张己方模样、又限制了右边黑方模样的发展，是双方势力消长的要点。

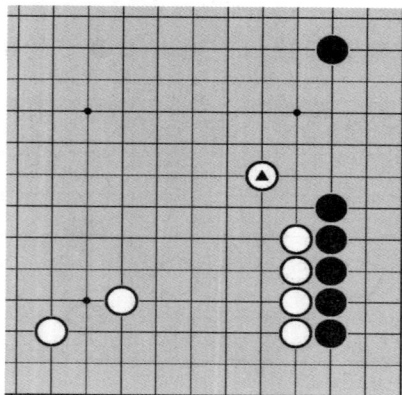

图6-10

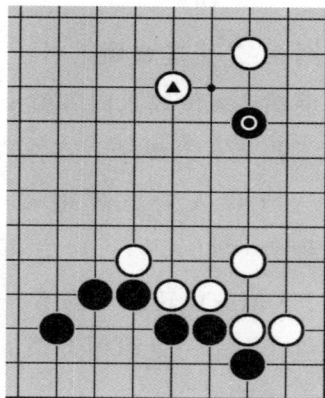

图6-11

图6-11黑●一子很弱，右下是白方厚势，白走▲飞，对黑●子包围进攻，黑●一子较难直接行动。即使让黑●一子逃出，白也可正面入

腹，获得中央行棋的主导权。

虎

如图 6 – 12，白走 ▲ 位与另外两个白子成三面包围之势。犹如虎口，使对方不敢在 a 位着子，称作"虎"。

虎主要用于补断，构成较佳的棋形。

接

"接"是指把两个不相连的棋子连接起来。

如图 6 – 13，白走 ▲ 位将白子连接起来，称作"接"。接的作用是补断，增强己方棋子的战斗力。

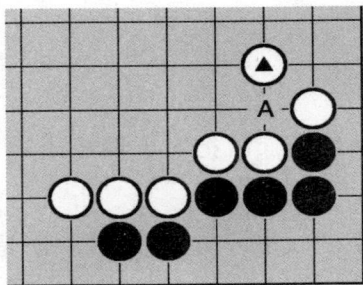

图 6 – 12

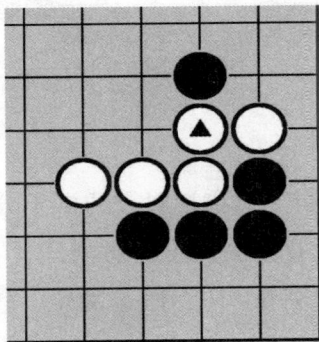

图 6 – 13

粘

如图 6 – 14，白走 ▲ 位将要被对方提掉的三子连回，称作"粘"。

双

为了不被对方断开，而把自己的棋子拼接在一起（形状如两个单关并列），叫"双"或"双关"。在围棋中这种下法是极为结实坚固的，有"双关似铁牢"之说。

如图 6 – 15，白走▲位，这样上、下二子成双跳的棋形，这种走法称作"双"。

这是一种常用的补断步法。由于 a、b 两点白方必得其一，所以黑无法切断上、下二子的联络。如图用双补断，比在 a 位接补断棋形较畅。

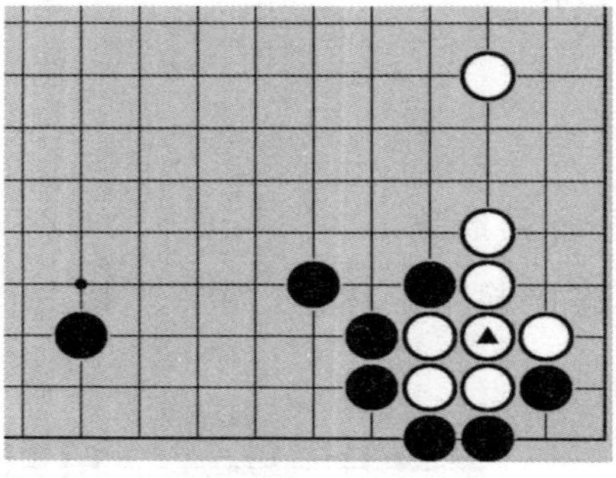

图 6 – 14

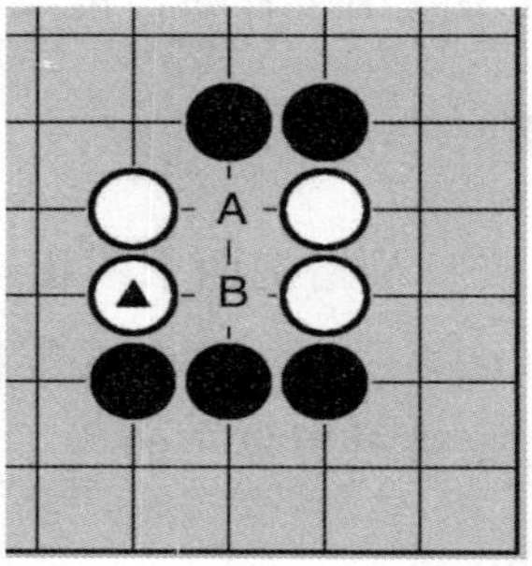

图 6 – 15

断

"断"是指把对方的棋子分割成两部分。就把对方两个子断开了，使其没有办法连接起来。

如图 6 – 16，白走▲位，切断黑子的联络，叫做"断"。断是进攻对方的严厉手段，有"棋从断处生"之说。

跨

跨与跳非常相似，但是比跳更加严厉。跨一般来说多用于切断对方小飞的形状，所以有"飞要跨断"之说。

如图 6 – 17，黑方二子成飞形，白着于 1 位，这种步法叫做"跨"。黑 2 挡隔断白棋，白即可 3 位分断黑棋。这种分断对方的方法叫"跨断"，是攻击飞形的常用手段。

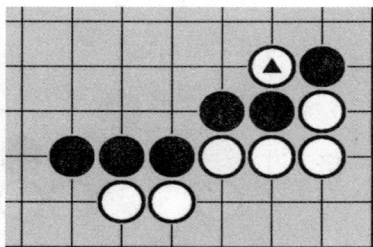

图 6 – 16

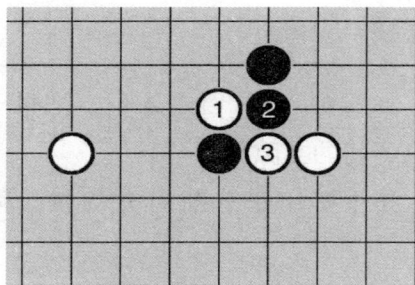

图 6 – 17

挖

古代称"斡"。在对方的"拆一"或"单关"中间下一子，叫做"挖"。

如图 6 – 18，白▲在对方一间跳的两子中间着子，称作"挖"。

利用挖可以切断对方一间跳二子的联络。这种分断方法叫做"挖断"。

图 6 – 19 白 1 挖后，黑 2 打，白 3 接。以后，a、b 两处断点白必得其一，右边黑棋被白断开后是死棋，白收获甚大。对于一间跳的棋形一定要注意挖断的问题。

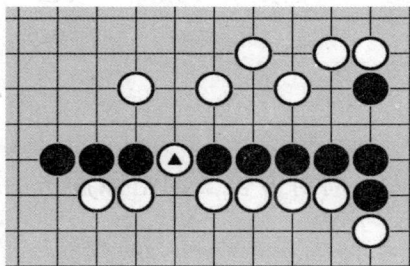

图 6 – 18

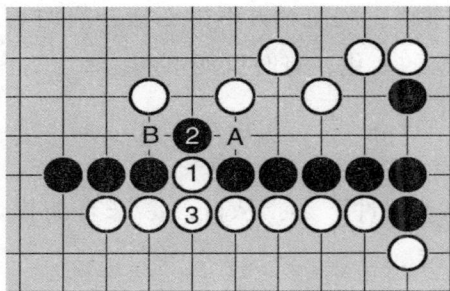

图 6 – 19

挤

如图 6 – 20，白走 ▲ 位，把棋子挤进对方棋子间的空隙，叫"挤"。

挤主要用于分断对方的棋，称作"挤断"。

白在 ▲ 位挤后，使黑棋产生了 a、b 两处断点。

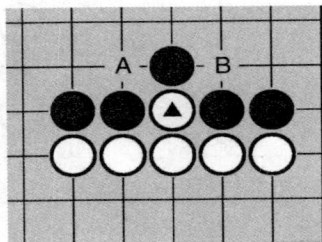

图 6 – 20

刺

对准对方的虎口、断点或者薄弱之处下一子，准备切断，叫做"刺"。古代多指刺伤对方眼位或者透点一类着法。但有时"刺"显得更加的紧迫，有促使对方必应之意。

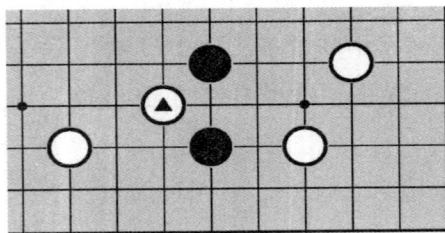

如图 6 – 21，白走 ▲ 位，在对方一间跳的两子中间的一侧着子，准备分断一间跳的两子，称作"刺"。刺使对方不得不接，有时可得先手利，但是对方接后，失去了挖的变化，有时反而不利。

图 6 – 21

冲

"冲"是指从自己原来有的棋子出发，向对方棋子的空隙冲击的下法。

如图 6 – 22，白走 ▲ 位，冲进对方一间跳两子之间的空隙，叫做"冲"。向对方阵地长进也叫作冲。

冲的作用是使对方的棋产生断点。利用冲分断对方的棋，称作"冲断"。

图 6 – 23 白走▲位冲，黑●挡后，白并无可以利用的手段。而白▲冲使白自身撞紧一气，并且失去了其它的变化。围棋称这种有害无益，损失变化的着法为"俗手"。

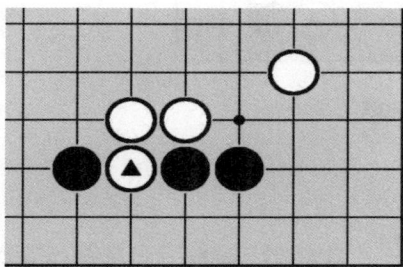

图 6 – 22

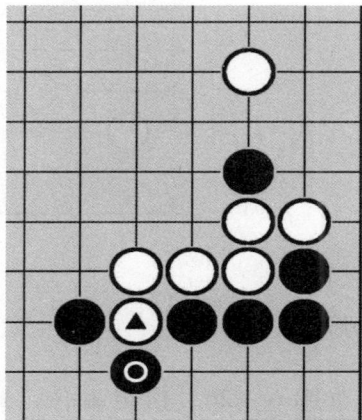

图 6 – 23

挡

在对方向外冲出时，迎头堵住它的去路或者阻拦对方侵入己方地域破空的走法，叫作"挡"。

如图 6 – 24，白走▲位，阻止对方继续前进。

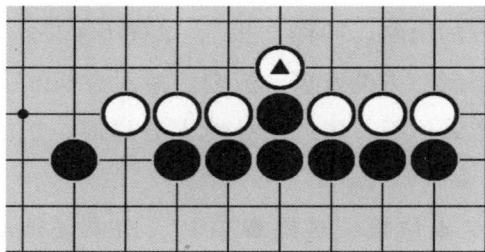

图 6 – 24

白若让黑继续在▲位长，白棋将支离破碎。所以白棋在▲位挡是十分重要的一着。

图 6 - 25 白走▲位挡，堵住了白空境界线的缺口，是护住这块白空的关键一着。

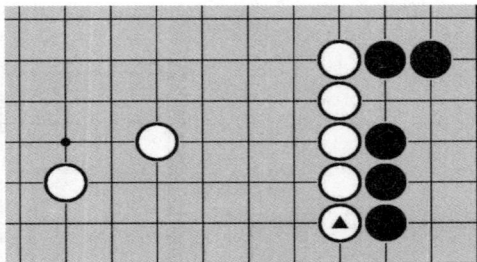

图 6 - 25

爬

如图 6 - 26，白走▲位，紧贴着对方棋子下边长，叫"爬"。

爬用来扩大实地。一般在二路爬与对方在三路长交换不利，宜慎重，有"莫爬二路"之说。

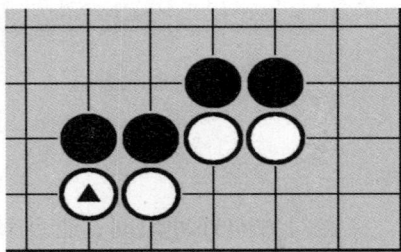

图 6 - 26

扳

当对局双方相互贴近时，一方可以从斜角向对方迎头下一子，其目的是为了阻止对方的出路，叫作"扳"，如图 6 - 27。

扳的目的是限制对方的发展。扳要注意对方断的手段。

图 6 - 27 白走▲位扳，黑二子处境十分局促。"二子齐头必扳"就是指这种棋形。

图 6 - 28 白走▲位扳，被黑●位断，白棋还须 a 跳，黑 b 位长，如此作战，白方不利。因此，白走▲位是过分的一着，白没有考虑被黑分断的后果。本图形势，白应在●位长，不让黑在此扳二子头，是正着。

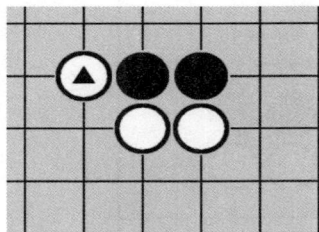

图 6 – 27

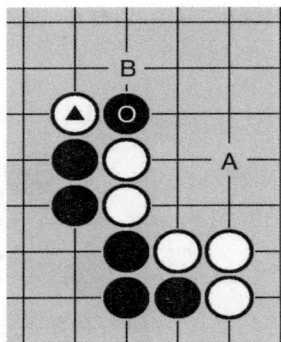

图 6 – 28

图 6 – 29 白走 1 位扳，黑 2 位的扳叫"反扳"。白可以 3 位再扳，叫作"连扳"。

连扳时更要注意被对方分断的问题。连扳后变化比较多，所以有"懂得连扳，棋近初段"的说法。

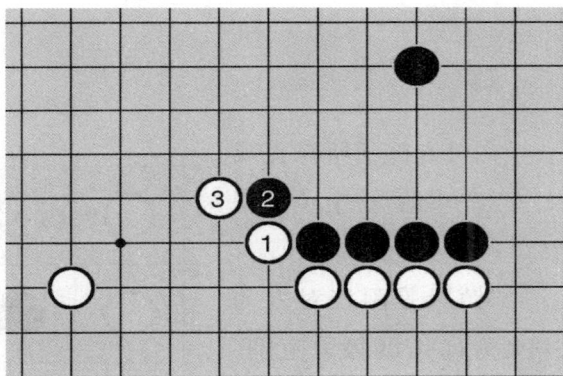

图 6 – 29

鼓

如图 6 – 30，白走▲位，在己方一间跳的棋子中间，成虎形向对方棋头上扳叫作"鼓"。这种棋形十分有力，黑应极力争到▲位长，避免被对方走成鼓的棋形。

如图 6 – 31，黑争到 1 位长，白为防被黑冲断，而于 2 位立。黑再 3 位飞封锁白棋。

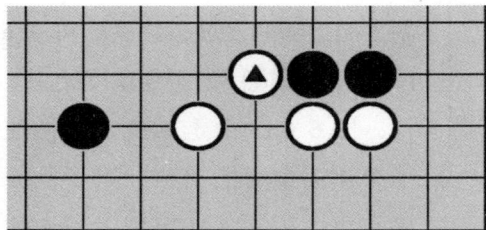

图 6 – 30

本图结果与上图白走▲的结果相差太大。因此本图1位是双方必争之处，称作"急所"。

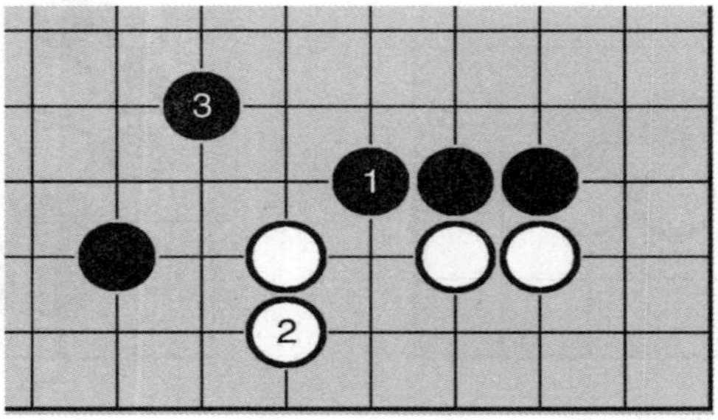

图 6-31

镇

在对方棋子所在直线上方空一路下一个子的着法，叫"镇"。

"镇"是阻挡对方向中央方向拓展势力范围，攻击对方比较薄弱的棋，削减对方的势力范围的一种重要手段。

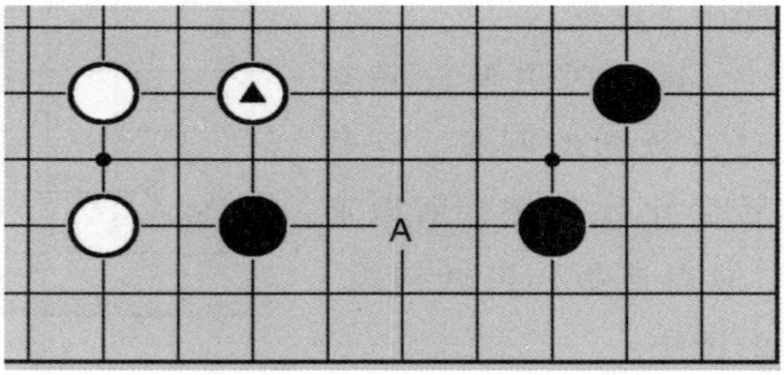

图 6-32

图 6-33

图 6-32 白走▲位镇。这一着扩大了中央白棋形势，同时限制了黑边角的发展，以后白可在 a 位攻入。黑应极力避免本图结果。

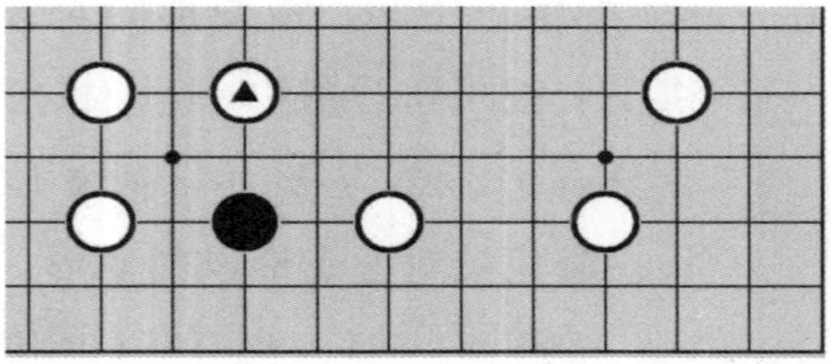

图 6-33 白走▲位镇，挡住了黑棋向中央的出路，黑子已无法直接逃出。如让黑抢占到▲位关，则黑棋出路已宽，白无法封住黑棋。

扑

"扑"是指有意识地向对方虎口里填子，送给对方吃的手法。其目的是为了缩小眼位或者缩短气数。无论吃子、攻杀、破眼都可以用扑的手法。

扑用于破掉对方眼位或在对杀中紧气（使对方棋的气数缩短，称为"紧气"）。

图 6 – 34 白走▲位扑，破掉了黑棋的眼，使黑仅有一只眼，成死棋。

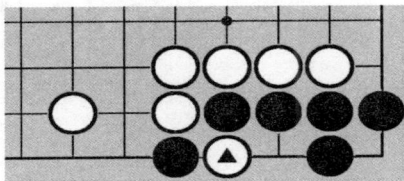

图 6 – 34

图 6 – 35 白走 1 位扑，黑 2 提，白再 3 扑，黑 4 提，白就 5 立，黑棋四子已经"接不归"。扑起到了缩短黑棋的气的的作用。

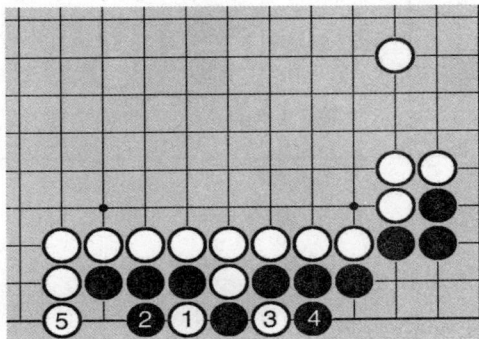

图 6 – 35

渡

"渡"是指在棋盘的边线上（一般在三路以下），在对方棋子的底下放一子，使自己两部分棋子连接在一起。

图 6 – 36 白走▲位渡，白二子已安全地与角部白棋连接起来。这种大飞渡过是常用的连接手段。

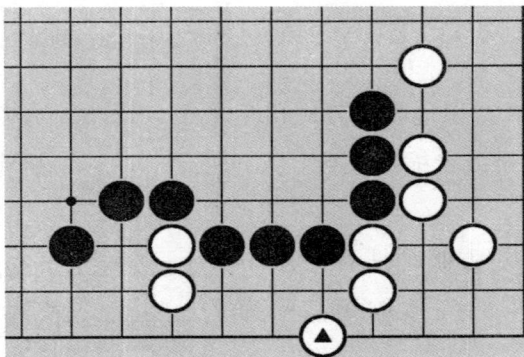

图 6 – 36

图 6 – 37 白走▲位跳，白棋单子就与角部联络了，黑若 a 冲，则白 b 渡。这种渡过方法叫"跳渡"，这也是实战中常用的连接手段。

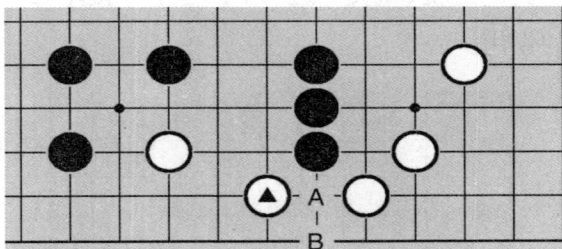

图 6 – 37

图 6 – 38 白走▲位扳，由于气紧，黑无法在 a 位分断白棋，白达到了渡过的目的。这种渡过方法叫"扳渡"。这也是实战中经常使用的连接手段。

拐

如图 6 – 39 白走▲位，在对方棋头上，紧贴对方棋子直角转向着子，称作"拐"。

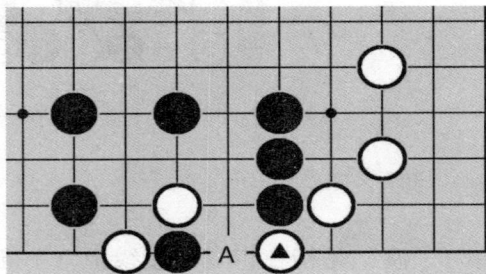

图 6 – 38

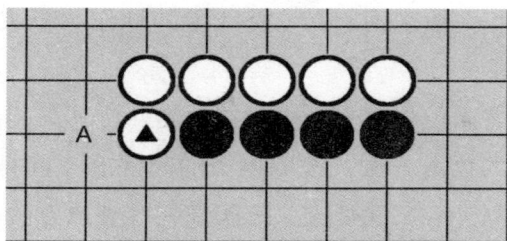

图 6 – 39

拐的用途与扳相同，但是由于拐没有断点的顾忌，所以比扳有力得多，有"棋拐一头，力大如牛"之说。黑应极力避免被白▲位拐封锁，争到 a 位跳出头。

肩

如图 6 – 40 白走▲位，在对方棋子上方对角点处着子，叫"肩"。

肩的作用是将对方的供压在低位，限制其发展，一般多用于侵消对方的大模样或逃出孤子。图中白

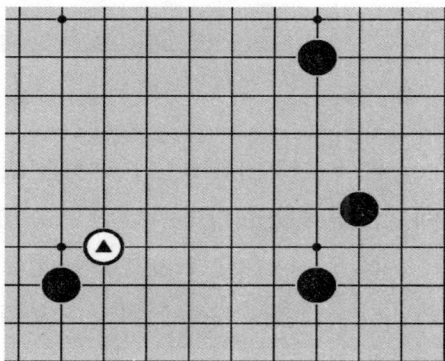

图 6 – 40

▲肩是侵消对方大模样的常用手段。

图 6 – 41 白走▲位肩，这是逃出孤子的常用手段。黑若 a 位长，则白 b 长，顺势走向中腹。

夹

用两个子把对方的一个子夹在中间，叫"夹"。

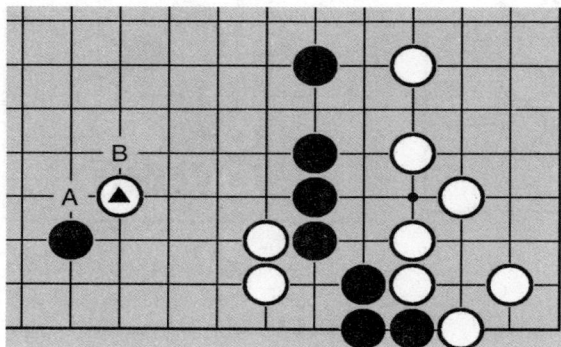

图 6 – 41

夹还有高低之分，一般来说，在三路线上的称作"低夹"，在四路线上的称作"高夹"。

图 6-42 白着▲位将黑方●子夹在中间，使其只能向中央逃出。这是布局阶段常用的攻击方法，按照棋子的间隔有一间低夹、一间高夹、二间低夹，二间高夹、三间低夹、三间高夹等夹攻方法。

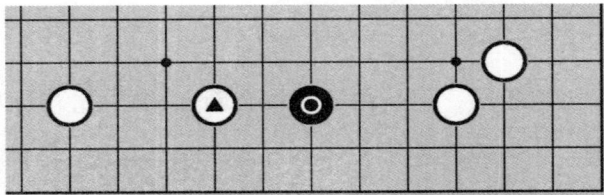

图 6-42

图 6-43 白着▲位，这种步法也是夹。黑只能 a 位接，白 b 渡，达到了侵消黑空的目的。这种攻击方法在收官阶段经常使用。

图 6-44 白走 1 位夹，是此形比较严厉的攻击手段。黑若 2 退，则白 3 立，待黑 4 接后，再于 5 位挡。这样白棋先手破掉了黑棋下边做眼的余地。

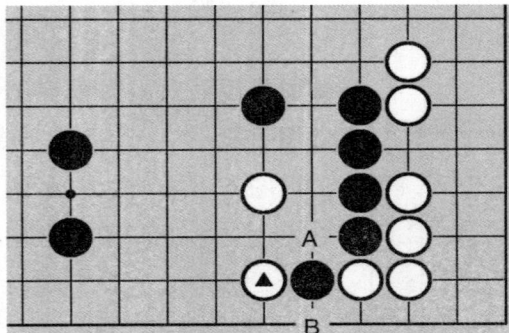

图 6-43

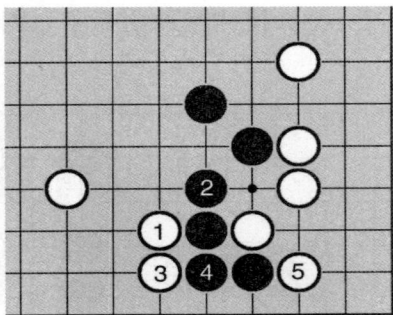

图 6-44

打

在对方棋子只有两口气的情况下，再下一子，紧上一口气，下一着

图 6 - 45

就能够提到它，叫"打"或"打吃"。

图 6 - 45 白着▲位打，下一手白可在 a 位提掉黑子，角上黑子将四分五裂，因此黑必须在 a 位粘。

枷

如图 6 - 46，白着▲位，将黑●子封锁住，使其无法逃脱，称作"枷"。

枷是一种常用的吃子手段。

图 6 - 46

托

紧靠对方棋子的下边下一子，叫"托"。

图 6 - 47 白走▲位托，经黑 a 扳、白 b 退，白取得了角地。当双方棋子在三线或四线隔一路对峙时，常用托的手段增加己方地域，削减对方地域。

图 6 - 48 白在▲位托，黑 2 扳，白就 3 退，黑还需 4 位补。白先手获得官子便宜。

图 6 - 47

图 6 - 48

图 6 - 49 白走▲位托，则黑 2 扳，让白 3 位退回，再 4 位虎补。虽

然白得到了一些官子利益，但是黑方边角形势有很大加强，白方失去了在 a 位侵入的手段，白▲托得不偿失。故有"托二宜其边已固"之说。

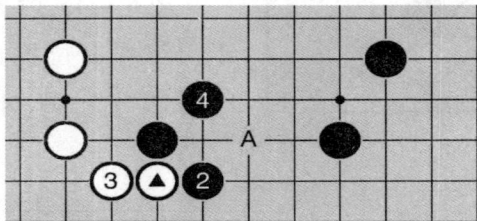

图 6－49

碰

如图 6－50，白走▲位，在旁边紧靠着对方的子着子，称作"碰"。

碰一般用于打入对方阵地，或作战时腾挪（"腾挪"就是伺机转换之意）。

白▲碰，黑若 a 长，则白 b 跳，成对攻局面。

压

在己方有子配合的情况下将棋下在对方棋子的上面，用以向外扩张自己的势力范围，使己方棋形更加的厚实、张大的着法，称为"压"。

图 6－51 白在▲位压，黑 2 扳，则白 3 长。压的目的一般是要把对方棋子限制在低位，发展己方势力。

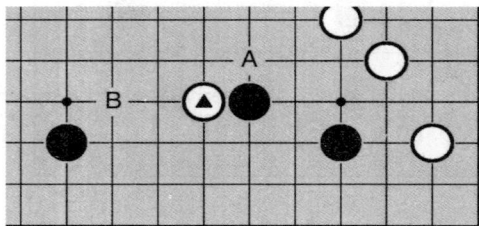

图 6－50

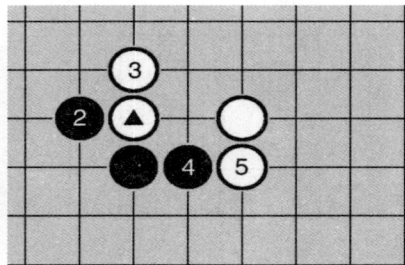

图 6－51

图6-52 白走1位压，黑2扳，则白3长，黑4顶，白就5长。这样白方将黑棋压在低位，同时壮大了己方阵势。这是当双方棋子在三线上隔一路对峙时常用的扩张势力、限制对方发展的着法。

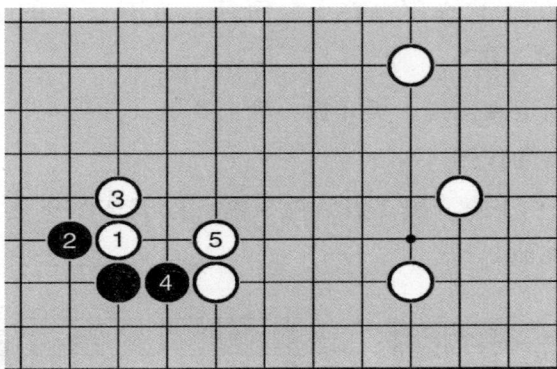

图6-52

顶

如图6-53，白走▲位，向对方棋子长，顶住对方的棋子，称作"顶"。

顶一般是为了争得先手或者是为了分断对方。利用顶分断的方法叫做"顶断"。白▲顶

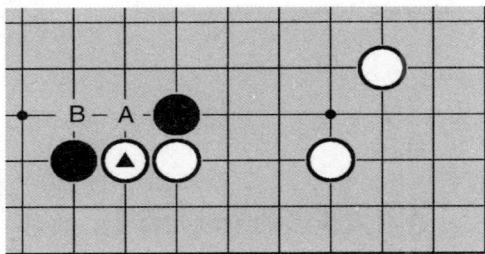

图6-53

后，黑若a挡，则白b断，此战黑棋不利。

图6-54，白走▲顶，黑●长，则白棋先手补住了黑在a位打入的手段。一般情况下白▲顶和黑●长交换，白棋稍亏，所以

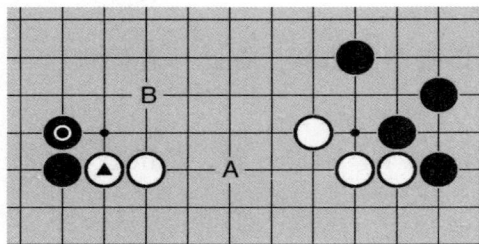

图6-54

除非要争先的场合外，一般白棋应在 b 位关补。

靠

在紧靠对方一子的旁边着子，而且上方有己方的子策应，称作"靠"，有时也叫"搭"。

图 6 - 55 白走▲位搭，黑 2 扳，则白 3 退，黑需 4 长，白▲搭起到了限制黑棋发展的作用。

图 6 - 56，白 1 靠，黑 2 扳，白 3 断，以下至白 9 飞，白成功地侵入了黑下边的阵地。

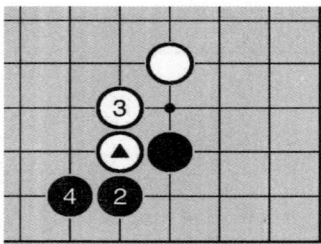

图 6 - 55

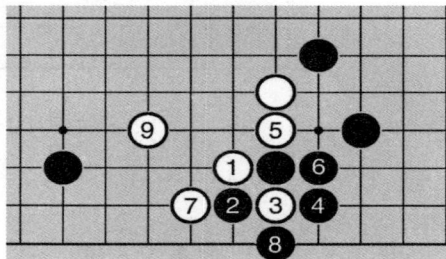

图 6 - 56

点

在对方棋形的关键处着子，称作"点"。

点是十分厉害的攻击手段，就像武术中的"点穴"一样，可以使对方立刻陷入困境。

图 6 - 57 白走▲位点，这是黑棋眼形的急所，有此一着黑棋已经净死。

图 6 - 58 白走▲位点，这是紧气的要着。有此一着，黑棋差一气而被杀。

图 6 - 59 白走▲位点，是黑棋形的急所，黑 2 虎，白就 3 跳，黑棋失去眼位，难免受攻。

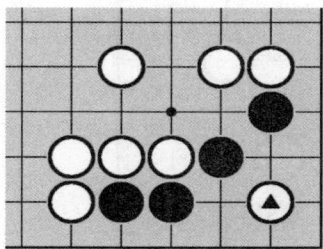

图 6 - 57

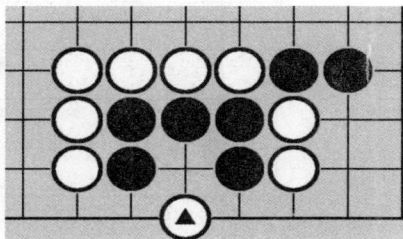

图 6 - 58

退

"退"的本意，是指当对局双方棋子相互接触时，将被对方棋子挡住的己方棋子向己方原来的方向退回一步的下法。退是围棋对局中经常采用的一种下法，这种下法采用先守后攻、以退为进的战术手段。

退的作用是连回己方的棋子，或者是加固己方阵地，防止对方借劲行棋。

图 6 - 60 白▲退，连回了单子，加固了角部阵地。

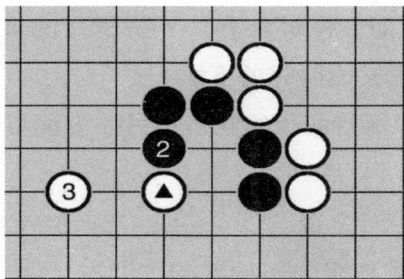

图 6 - 59

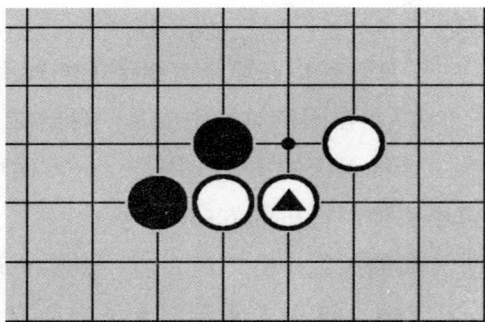

图 6 - 60

图 6 - 61 白走▲退，防止对方借劲行棋。

图 6 - 62 白如不按前图退，走 1 位扳，则黑 2 断。黑可根据白的应手相应行动（围棋称"借劲行棋"），白不好。

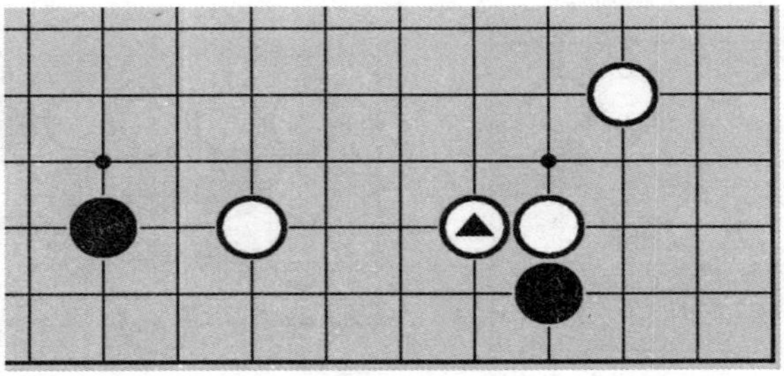

图 6－61

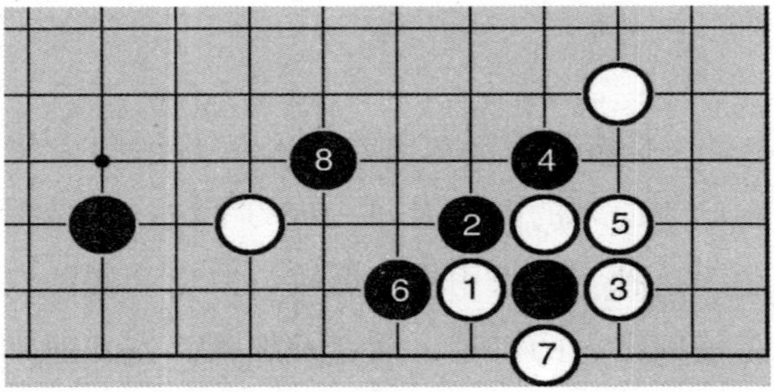

图 6－62

尖

"尖"是指在原来有棋子的斜线上（即方格对角上）下一子，也叫"小尖"。在围棋对局中尖是一种既能进攻又能防守的下法。

这种下法的主要作用是：一方面可以保持两子的联络，另一方面可以出头控制行棋的方向。

尖的用途十分广泛，有"凡尖无恶手"之说。

图 6－63 白走▲尖，▲子与原有白子是充分连接着的。黑占 a 位，白可走 b 位将二子连接起来，同样，黑走 b 位，则白占 a 位，仍可将二子连接。

图 6－64 黑●挂角，白走▲尖，是稳健的着法。下一手既可 c 位守空或 d 位拆，又可 b 位飞或 a 位夹，攻击黑●子。实属进退自如的一着。

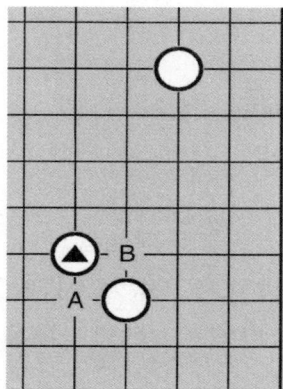

图 6 – 63

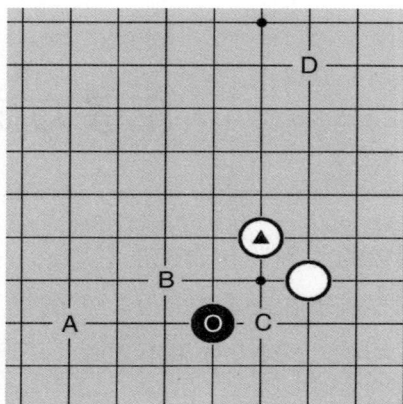

图 6 – 64

图 6 – 65 白走▲尖，既可封住黑一子的出路，又可以防止黑在 a 位托过。

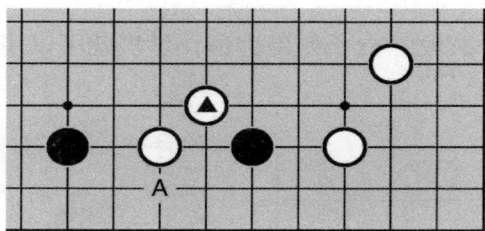

图 6 – 65

图 6 – 66 白走▲尖是抢占官子的要着，黑护空需●位挡，白取得了先手收官的利益。

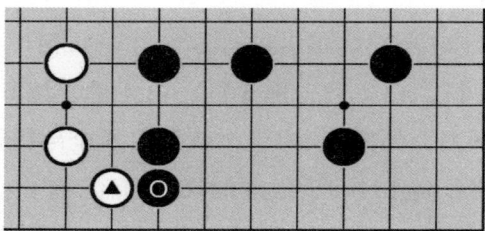

图 6 – 66

吃子方法术语

围棋的"围"包含两层意思：一是围对方，二是围地盘。

双方棋子在对杀中，让对方的棋子剩一口气时，称为"打吃"，也称为"叫吃"。对方如果不理睬，下一手就可以把对方的棋子提掉。

征

在追杀对方棋子的时候，能够步步打吃对方的手段称为"征吃"，也称为"扭羊头"。

"征"是对局中常用的吃子方法之一，如图 6 - 67 所示。

图 6 - 68 黑 1 打吃，白子如果逃走，黑棋就可以用"征"的方法把它吃掉。

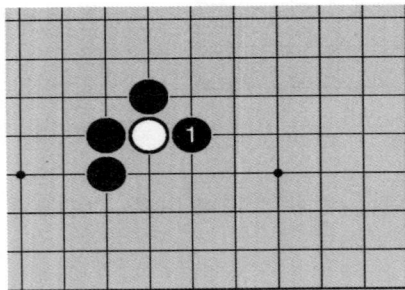

图 6 - 67

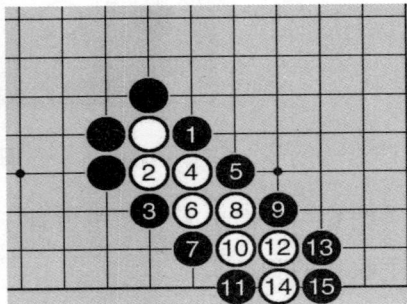

图 6 - 68

图 6 - 68 黑 1 打，白 2 逃，黑 3 打，白 4 逃，黑 5 又打……这样一逃一打，连续走下去，到黑 15 为止，就把白子全部提掉了。

但是，在黑棋征吃白子所经过的路线上如有白子存在（这子叫"接应子"），例如图 6 - 69 有白▲一子时，黑棋就不能用"征"的方法吃掉白子。试看图 6 - 70。

图6－70 黑棋1、3、5、7仍然用"征"的方法打吃白子，白棋2、4、6、8往外逃，但当黑9打吃时，白10便与白▲一子通连而宽出一口气，黑11就无法继续征吃白子；而黑棋在a、b、c等处都会被打"双吃"，黑棋崩溃。

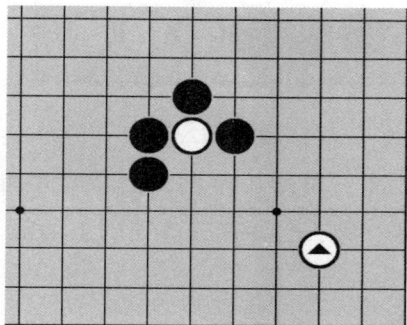

图6－69

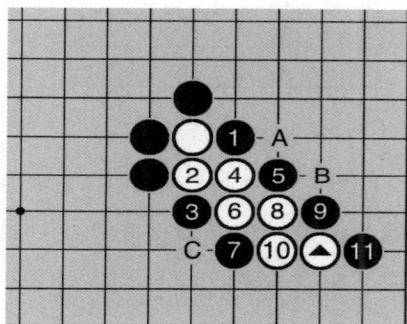

图6－70

因此，在应用"征"的方法时，一定要预先注意到，沿路有没有对方的"接应子"，以免失败。

封

"封"是指把对方向中腹发展的出路封住，同时将对方封在自己的势力范围之中的作战手法。

"封"，又叫"门"、"方"、"枷"等，也是常用的吃子方法。

图6－71 白棋因有白▲一个接应子，而想走1位逃出；黑棋看到无法征吃，就改在2位下子，仍然把两个白子吃住了。（白A位冲，黑即B位挡；白C位冲，黑即D位挡；总是逃不出去）

这样把对方的棋子虚罩在自己的势力范围之内，使它无法逃出，就叫"封"。

"封"的使用范围很广，下面再举几个实例。

图6－72 黑走1位封白。虽然两个白子还有三口气才被提掉，但是已被封住而逃不出去了。试看图6－73。

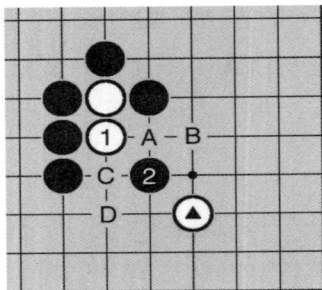

图 6-71

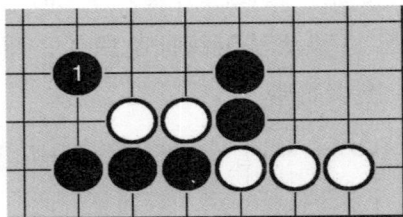

图 6-72

图 6-73 "封"后，白子如从 2 位冲，黑即 3 位挡，白从 4 位冲，黑即 5 位扳，白子就被吃死了。这样用一个子把具有三口气以上的敌子封住，叫"大封"。

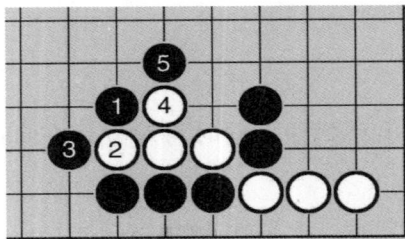

图 6-73

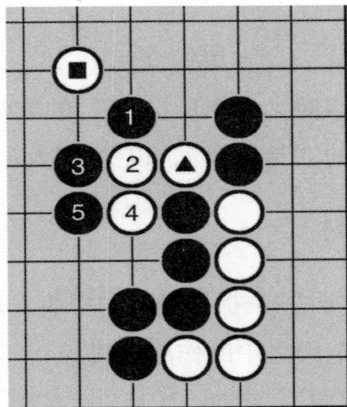

图 6-74

图 6-74 白▲一子，想把黑棋断开。因为有白□一个接应子，黑棋不能征吃，所以改在 1 位封，白 2、4 逃，黑 3、5 逼紧，白子就逃不掉了。这种"封"的方法，有偏侧的形状，俗称"半面枷"。

有时，如用"枷"、"跳"或"关"的形式封不住敌子，还可用"飞"的形式来封。先看图 6-75。

图 6-75 黑棋要封吃白▲三个子，用跳的形式走 1 位，行不行呢？试看图 6-76。

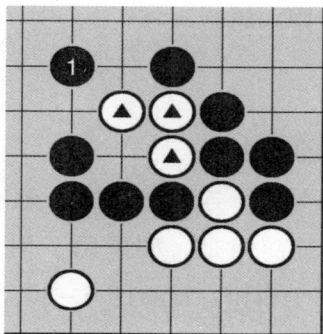

图 6 – 75

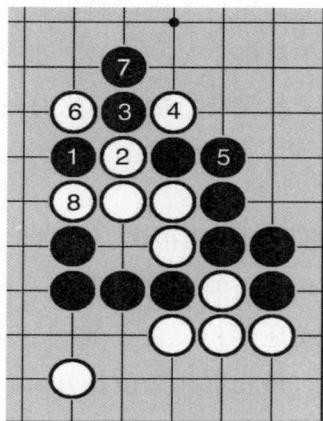

图 6 – 76

图 6 – 76 黑 1 封，白 2 冲，黑 3 挡，白 4 打吃，黑 5 粘，白 6 再打吃，黑 7 长，白 8 再打吃，就冲出去了。

怎样才能封住这三个白子呢？试看图 6 – 77。"飞封"的正确运用。

图 6 – 77，前图黑 1，如改用本图小飞的形式走 1 位，就把三个白子封住了。这叫"飞封"。其演变结果，见图 6 – 78。

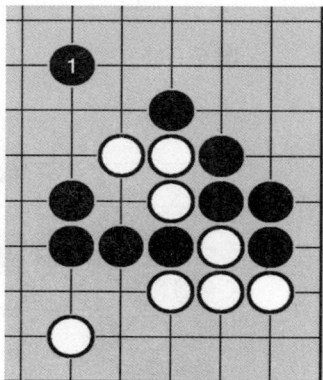

图 6 – 77

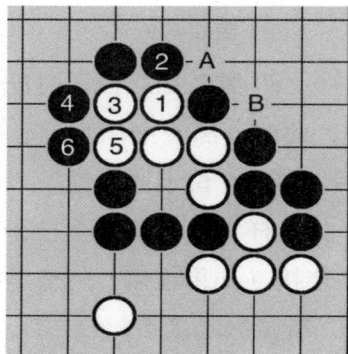

图 6 – 78

图 6 – 78，白 1 冲，黑 2 挡，白 3 冲，黑 4 扳，白 5 冲时，黑 6 就把白子全部吃住了。

白 1 如先走 3 位，黑也在 4 位扳，然后白 5，黑 6，白子仍不能逃脱。由于黑用小飞的形式，即使白子在 A 位打吃，黑子只要在 B 位粘上，白子就没有二次、三次打吃的机会，因而就被封住了。

挖

"挖"的作用很多，也常常用作吃子的方法。

图 6－79 乍一看，白▲三个子是能够与白 1 连在一起的。无论黑走 A 位，或是 B 位，白子都可以从 2 位通连。但是，如果黑子用"挖"的手段，首先下在 2 位，就可以吃掉那三个白子。试看图 6－80。

"挖"的正确运用：

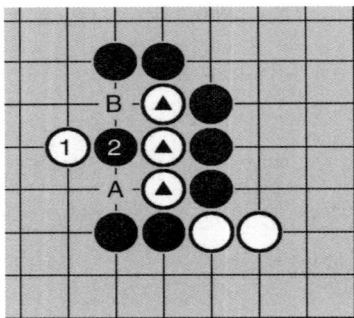

图 6－79

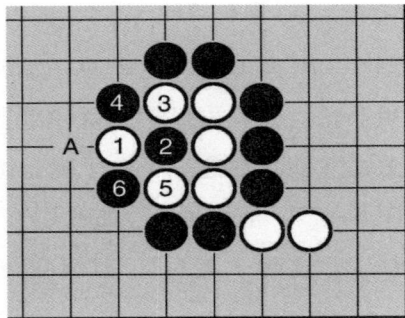

图 6－80

图 6－80 黑 2 挖，白 3 打吃，仍想与白 1 通连，此时，黑 4 必须反打；待白 5 提黑一子后，黑从 6 位卡吃，就可以捕获五个白子了。像这样大吃，使五个白子不能在 2 位和白 1 连接（如果连接，就被黑从 A 位一齐提掉），叫作吃"接不归"。

图 6－81 被围的白棋已有 A 位一个整眼，黑 1 如走 2 位，白走 1 位做眼，就活了。但是，黑在 1 位挖，让白 2 去吃，然后在 3 位一卡，破掉这个眼，整块白棋就死了。

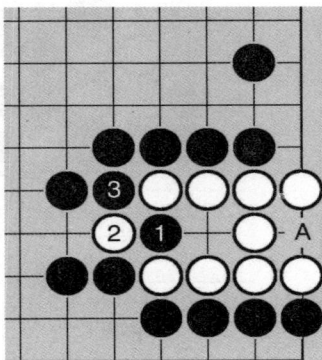

图 6－81

扑

图 6-82 黑棋只有吃掉白▲两子，才能救出三个黑子。如果黑棋走 2 位，白棋在 1 位粘，就吃不到了。如图，黑 1 故意往白棋虎口里填一子，白棋若于 2 位提，黑棋即在 3 位打吃，白棋三子便"接不归"。吃掉三个白子，黑棋三子就得救了。

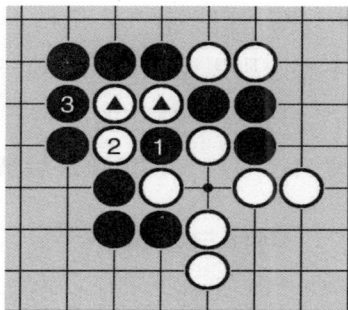

这种故意往对方虎口里填子给对方吃的手段，叫"扑"。

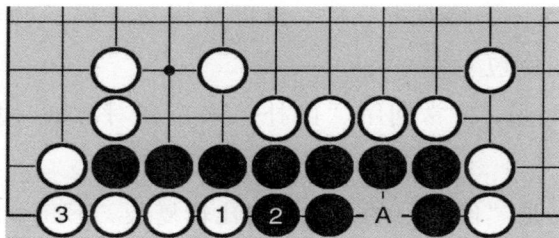

图 6-82

图 6-83

图 6-83 这块黑棋被白棋包围，只有 A 位一个眼。白走 1 位去破黑棋的另一个眼，黑棋如果随手在 2 位打吃，白 3 粘上，黑棋就吃不到白子，无法做活了。

但是，改用"扑"的方法，还可以使黑棋得救。试看图 6-84。

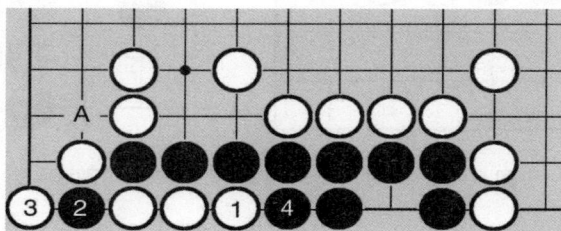

图 6-84

"扑"的正确运用：

图6-84，白1去破黑棋的眼，黑棋先在2位扑，待白3提后，黑4打吃，白棋若在2位粘，黑棋在A位吃掉六个白子，就活了。白棋若不粘，则黑走2位，提掉三个白子，做成第二个眼，也是活棋。

所以，"扑"的第一个作用是：送一子让对方提，因而使对方自己紧自己一口气，以致最后被追杀而死。

倒扑与双倒扑

图6-85黑从1位扑，就可以把白▲两个子吃掉。如果白在A位提黑一子，黑即仍在1位提掉三个白子。

这样，投入一子给对方吃后，立即反提对方棋子的着法，叫"倒扑"（俗称吃"倒包"）。

在对局的时候，常常利用"倒扑"来杀死对方的一块棋或吃掉对方若干棋子。

"双倒扑"是"倒扑"的一种，但比较复杂。下面举例说明。

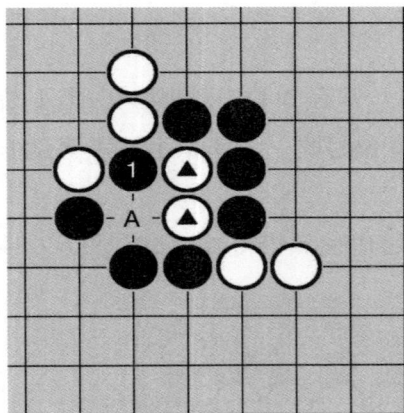

图6-85

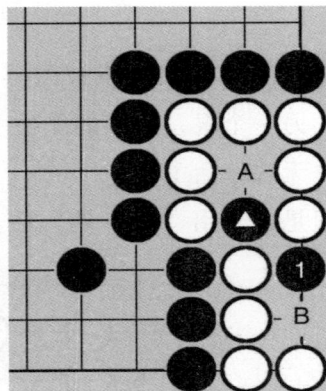

图6-86

图6-86角上白棋似乎已经有了两个眼，但因有黑▲一子的存在，黑棋从1位扑，就成为"双倒扑"的形状。无论白棋从A位或B位提

黑一子，黑棋都能把白子反提起来。这种吃棋方法叫"双倒扑"。

夹

"夹"也常常用作吃子的方法。

图6-87边上的四个黑子已逃不掉了，只有把白▲两子吃住，才能得救。如果黑从A位冲吃，则白从B位逃（即使黑从c位打双吃，白棋仍能从D位逃出），无法捕获，边上黑子还是不能得救。（如果黑棋从B位打吃，白子即从A位连接，也不会被吃掉）那么，黑棋应当怎样下子呢？试看图6-88。

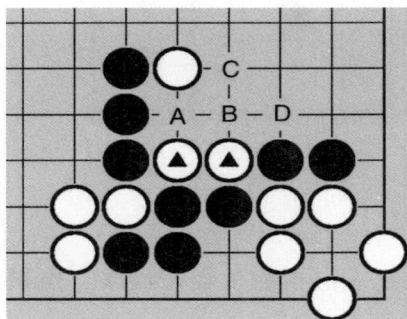

图6-87

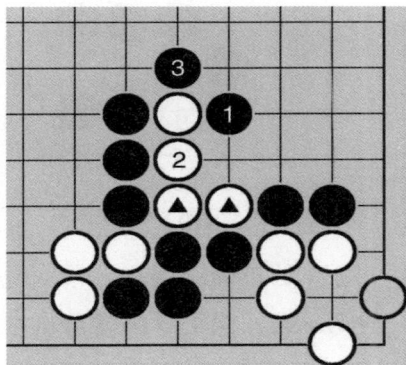

图6-88

"夹"的正确运用：

图6-88黑1位夹，就可以吃掉两个白子。白2接，黑棋即从3位把四个白子吃掉。再参看下面的图6-89。

图6-89黑1夹，白2长出，黑3即断吃两个白子。白2如改走A位，黑棋即于B位挡吃，白棋三子就"接不归"。

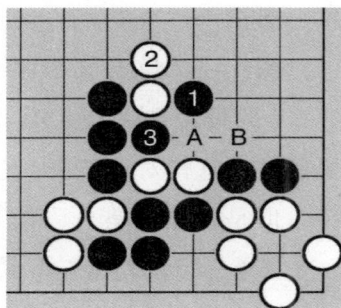

图6-89

立

"立"作为一种杀棋的着法，经常是在一路上发挥它的作用（俗称"硬腿"）。下面举例说明。

图6－90角上白棋已经有了两个眼位，应当是活棋。但黑棋先走，能不能破掉白棋的眼呢？请看图6－91。

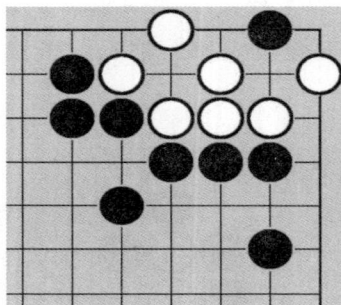 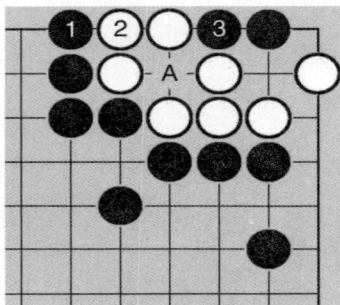

图6－90   图6－91

"立"的正确运用：

图6－91，黑1立，就可将白棋杀死。白棋如从2位做眼，黑棋即从3位打吃三个白子；白棋即使在A位粘上，也只剩下一个大眼，就死了。如果白棋先在3位做眼，黑棋即从2位卡眼，白棋仍不能活。这样，黑棋用"立"的方法杀死了白棋。

图6－92角上五个白子与三个黑子对杀，双方都没有眼，需要比"气"的长短来决定生死。如果黑棋直接从1位紧白气，白棋即从2位紧黑气，这样对比下去，总是白的气长，走到白6，就把三个黑子提吃掉。但是，黑棋是不是真比白棋短一气呢？

图6－93，黑棋先不紧白气，而在1位立，是杀死白棋的唯一手段。这样，白棋无论从哪里下子，总短一气。如图，白走2位，经过黑3、白4、黑5之后，因为白棋不能在角上A位入气吃黑，而要在B位接一着之后才能入气，这样，黑棋就长一气而获胜。

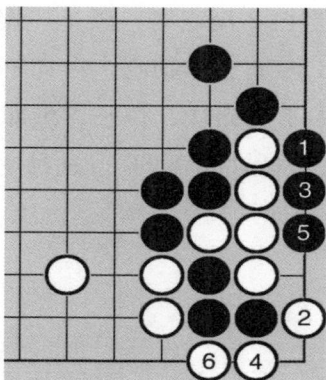

图 6 – 92

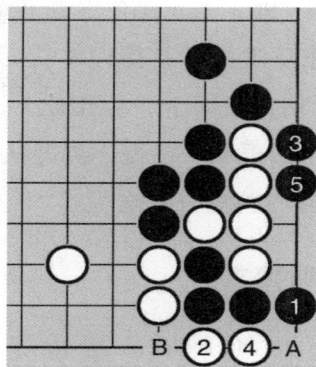

图 6 – 93

勒吃与兜吃

"勒吃与兜吃"也是对局中常用的吃子方法。

图 6 – 94，黑▲两子被白棋围着，只有两口气。但白棋也有弱点，可以利用来攻杀。黑棋如误在 1 位打吃，白 2 粘上，黑 3 紧气，白走 4 位，就吃住了两个黑子。

图 6 – 95，黑棋如改在本图 1 位打吃，白 2 即长出，反吃黑 1 一子，黑 3 不得不粘上，白棋仍可在 4 位吃住两个黑子。黑棋有没有办法吃掉白子呢？试看图 6 – 96。

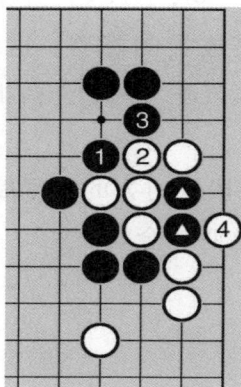

图 6 – 94

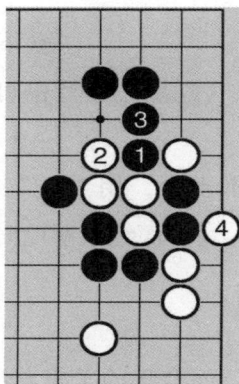

图 6 – 95

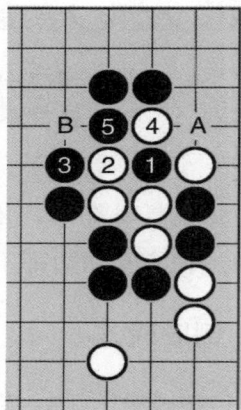

图 6 – 96

图 6-96，黑 1 断吃，是正确的。当白 2 反吃时，黑 3 一定要从外边包起来反吃白子，待白 4 提后，黑 5 再进一步勒吃，白即不敢粘了（白子如粘，黑即于 A 位追吃）。白 4 如不提而从 5 位长，黑即从 B 位打吃，白如再从 4 位提，黑即从 A 位吃白的"接不归"。这种吃子的方法，就叫"勒吃与兜吃"。

金鸡独立

"金鸡独立"虽然也是"立"的一种，但与前边讲过的"立"的着法有区别。因此，作为吃子的方法，单独列出。

图 6-97 这块白棋被包围，A 位已经有一个眼，白▲的几个子所围的空白点不少，似乎

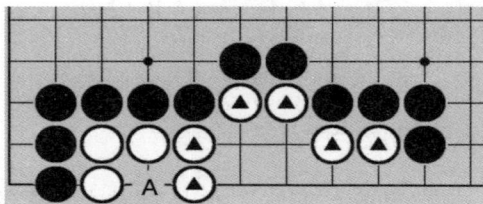

图 6-97

已经具备了第二个眼。那么，这块白棋，黑方有没有手段杀死它呢？试看图 6-98。

"金鸡独立"的正确运用：

图 6-98，黑 1 断吃，黑 3 立下，是连贯的好着。这样，

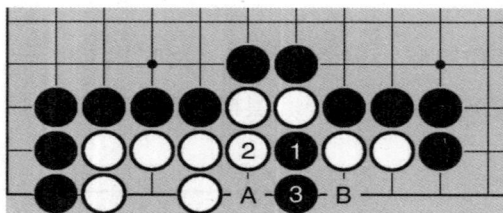

图 6-98

白棋在 A、B 两处都不能入气吃黑，而黑棋可以紧气吃白两子，白棋只剩下一个眼，就死了。

像这样，在边、角行棋当中，用"立"的手段把对方的棋子断成两半，使它在两边都不能入气，而终于被吃掉，这叫"金鸡独立"。

倒脱靴

"倒脱靴"，是一种复杂而有趣的杀棋着法。

图 6-99 被包围的白棋，已经有了一个眼；另外已经吃住三个黑子，

好像能做成第二个眼。初学者往往认为白棋已经活了，于是从1位提白一子，这样，白从2位提黑三子，就活了。黑棋能否杀死白棋呢？试看图6－100。

"倒脱靴"的正确运用：

图6－100，黑棋利用三个死子，走在本图1位，多送一

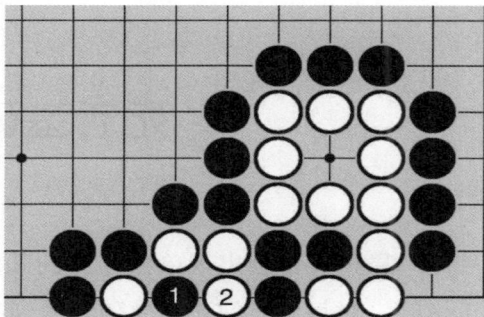

图6－99

子给白棋吃，白棋只好在2位提掉四个黑子，提后形状见图6－101。

图6－101接上图，白棋提了四个黑子，黑棋再从本图1位吃回四个白子。白棋四子被吃，无法做出第二个眼，整块白棋就死了。

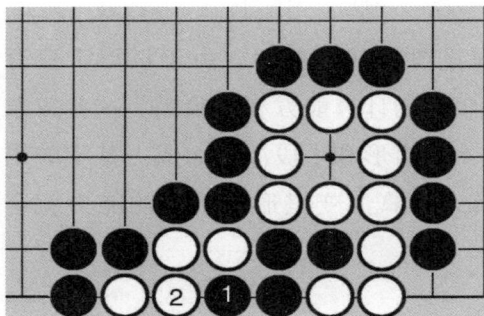

图6－100

像这样，利用原来的死子，多送一子（有时多送两子），给对方吃，又能立即吃回对方几个子，从而杀死对方，这叫"倒脱靴"（也有叫"脱壳"或"脱骨"的）。

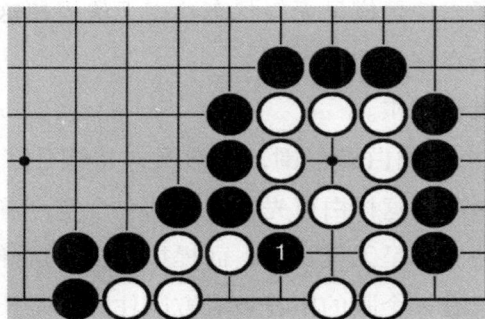

图6－101

死活基础术语

　　一局棋通常会出现单独存在的几块棋，每块棋都存在着死活问题。下棋时，对每块棋的死活要随时做到心中有数，活棋可以脱手争先，未活净的棋要适时补活，攻杀对方的棋，要看准弱点，乘虚而入。因此，认清死活棋是很重要的。

　　眼的计算和判断是围棋的一项重要的基本技术。由于棋形千变万化，许多眼形的计算和判断是需要较高的计算能方和经验的。这些复杂的棋形和破眼手段，都是由一些基本的棋形和手段演变而成。基本的棋形以及相应手段掌握得越多越熟练，计算演变棋形和手段的能力就会越高。

活棋

　　一块棋即使被对方完全包围，但对方始终不能把它提起来，那么这块棋就是活棋。

　　图 6–102 黑棋尽管被白棋紧紧围住，然而白再也无法在黑棋围住的两个空点上着子，使黑棋呈无气状态。白无法提掉这块黑棋。

　　黑棋围住的空点称为"眼"。

　　有两个眼的棋是活棋。

　　图 6–103 黑棋已被白棋包围，虽然黑棋也围住了两个空点，但是这两个空点连在一起，这样白可先在其中的一个空点着子，然后再在另一个空点着子，使黑棋呈无气状态，而提掉黑棋。这样的两个空点只是一个眼。无眼或仅有一个眼的棋若被对方围住，就是死棋。

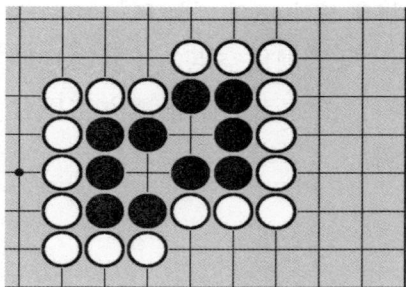

图 6 – 102

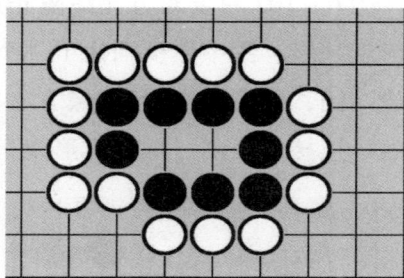

图 6 – 103

假眼

图 6 – 104 黑棋已被白色围，虽然黑棋围住了两个空点，但是可继续在 b 位紧气，然后在 a 位提黑三子，黑无法避免被白全部提掉。象 a 这样被围住的空点不是眼，称为"假眼"。

图 6 – 105 中的四个黑棋围成的都是假眼，假眼的特点是：要点被对方占据，因此围住空点的子无法连成一团，将无法避免被对方紧气提掉围住空点的一部分子。

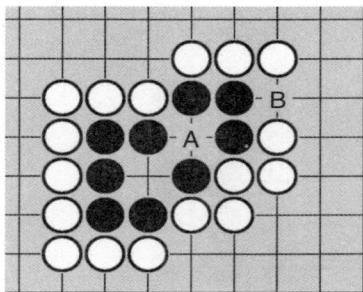

图 6 – 104

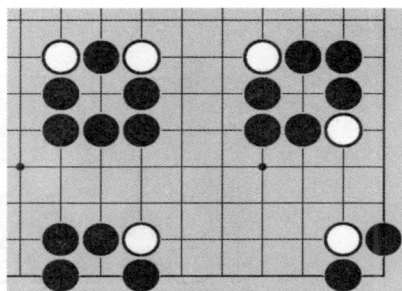

图 6 – 105

基本眼形

图 6 – 106 是三种基本眼形，无论是在边、角、还是在中腹做眼，围住空点的子要连成一团，这是判断眼形的关键。

图 6 - 107 只要对方无法阻止已方将围住空点的子连成一团，这种棋形就是眼。图中黑棋围住了一个空点，虽然围住空点的子暂时还没有连成一团，但是 a、b 两点黑方必得其一，白方无法阻止黑方将围住空点的子连接成一团。这个棋形就是一个眼。

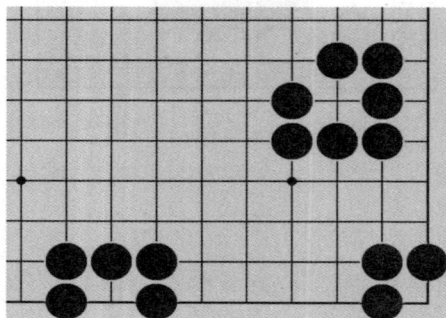

图 6 – 106

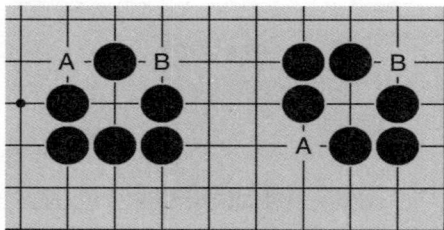

图 6 – 107

后手眼

必须再补一手，才能成眼的棋形叫做"后手眼"，又称作"半眼"。图 6 – 108 中的各形，黑方必须在 a 位补一手，才能成眼，这些棋形都是后手眼。

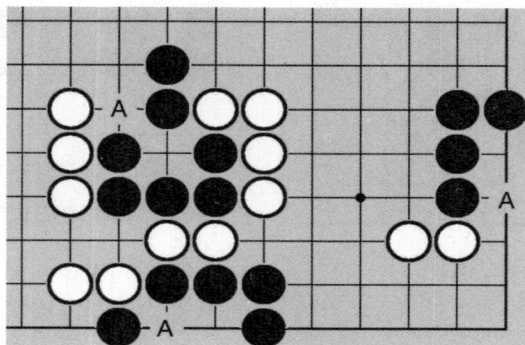

图 6 – 108

眼形判断

如何使自己的棋被对方包围后不被提掉呢？我们知道，围棋的规则规定"禁止一方连下二子"，也许你从这句话中已得到启发，想出答案。请看图 6 - 109 中的例子：从图中各例中可以看出，白棋不先在其中一眼中下子，就无法叫吃黑棋，而这种下法是围棋规则所不允许的，因为白棋不能连下两手棋，故白棋对黑棋束手无策。换句话说，黑棋在此局面中活了，功劳在于它拥有两个眼。

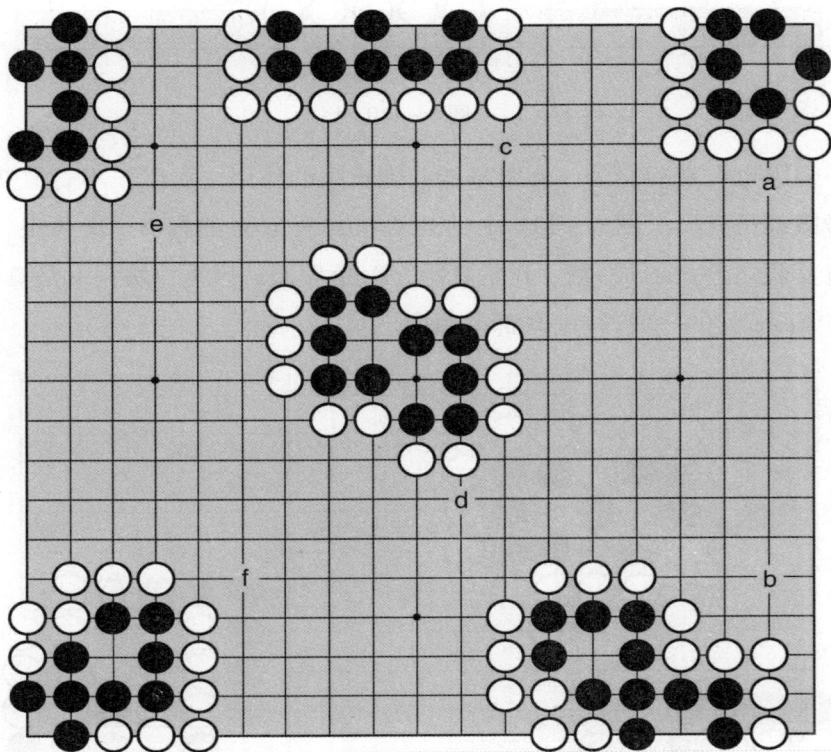

图 6 - 109

所以说，活棋必须具备有两个或两个以上的眼。图 6 - 110 中三块黑棋虽然没有明确的两眼，但都已有足够做两眼的空间。所以这样的形

也都活棋，可以看成它有两个眼。有关什么样的形可以点死，我们将在
下面几讲中详细介绍。

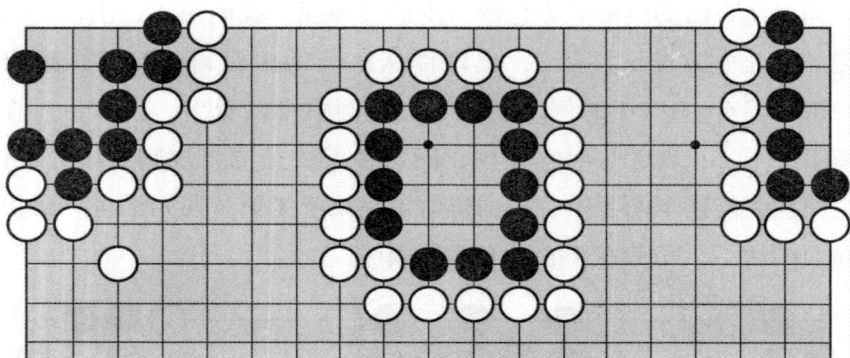

图 6 - 110

但眼也有真假之分。假眼不能起到真眼的作用。所以，不管有多少
个假眼都是死棋。图 6 - 111 中的几块棋，看上去都有 A、B 两眼，但
却有真假之分，a 的一块，B 是真眼，A 是假眼；b 的一块，A 是真眼，
B 是假眼；c 的一块，A、B 都是假眼。

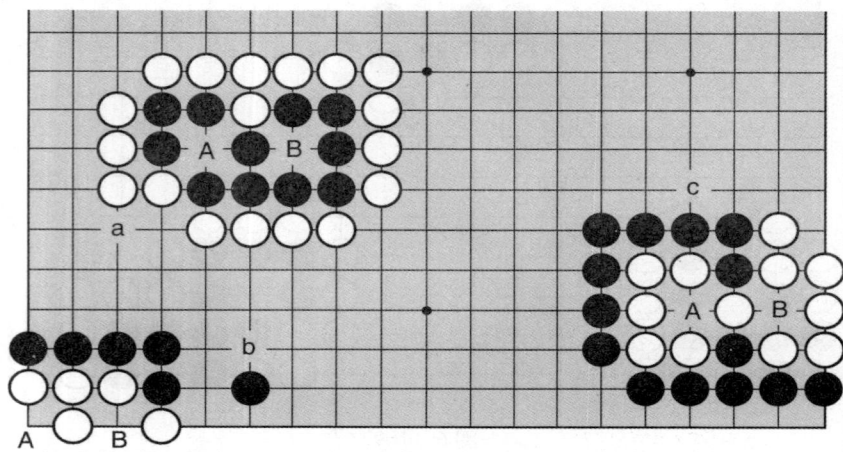

图 6 - 111

学习了死棋活棋知识，就要运用到实战中去。在下棋时，当自己的子被对方围住，就要千方百计做成两只眼活棋。相反，在围攻对方的时候，就要想方设法阻止对方做成两只眼活棋。

大眼

如果一块棋围住了一些空点，由于被围住的区域周围都是己方棋子，所以当被围住的空点多到一定程度时，对方就无法阻止己方在围住的区域内做两个眼。当然己方并不需要特地做出两眼，这些围空的子是活棋。

图6－112 黑棋围住了12个空点，这样大的空，白方是无法阻止黑方在空内做出两个眼的。双方都明确这一点，所以白方不会在黑空内着无用的子，而黑方也不必花费手数在空内特地做眼。这块黑棋是活棋。

围空的同时，围空的子也取得了活棋的条件。

图6－113 黑方三子在角上构成了完整的境界线，围住了十多个空点。白方无法侵入黑棋围住的地域，黑方可以毫无困难的在这块地域内做出两个眼。这三个黑子围住角空的同时，获得了做活的条件（称为"根据"）。

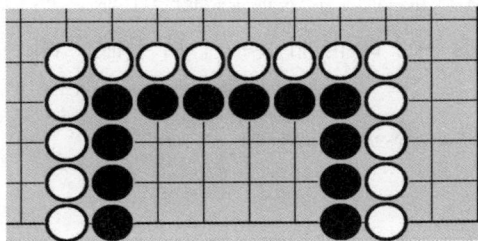

图6－112

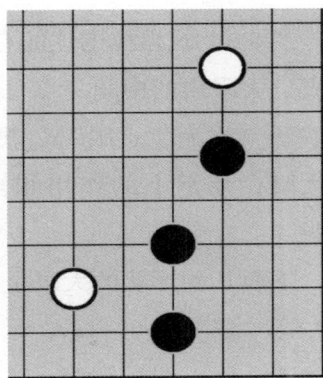

图6－113

图6－114 如果黑棋让白方走到▲位的两着，那么黑棋不仅失去了

角空，更重要的是黑棋在这一带失去了根据，这样黑棋必须走向中央，而在中央无论做眼或围空都是需要花费较多手数的，黑将处于十分不利的地位。

当被围住的相连接的可以做眼的空点是两个以上时（包括两个），一般称为"大眼"。

图6－115 黑棋围住的有四个空点的大眼，形似方块，称为"方块四"。即使黑先走也无法在其中做两个眼，因此方块四大眼相当于一个眼。

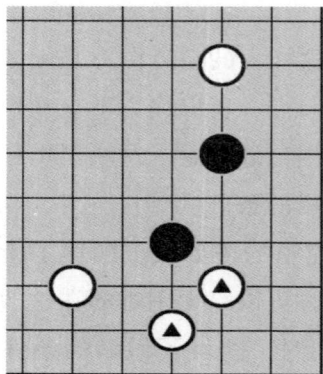

图6－114

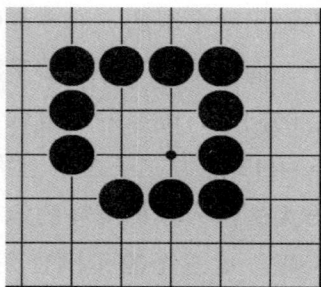

图6－115

图6－116 黑棋围住的有三个空点的大眼，称为"直三"。由于黑方在直三大眼内的中间一点（a位）着子，可以做成两个眼，而白方在a位着子（称为"点眼"），黑棋就只能在这个大眼内做一个眼，所以这个大眼在死活上的作用相当于有一个眼再加上一个后手眼，即一个半眼。

下面几种形状的大眼是相当于一个半眼的大眼。

弯　三　　图6－117

丁　四　　图6－118

刀板五　　图6－119

梅花五　　图6－120

方花六　图 6 - 121

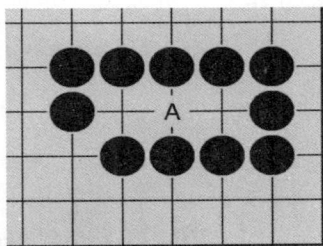

图 6 - 116

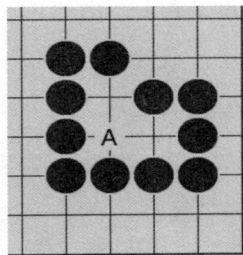

图 6 - 117

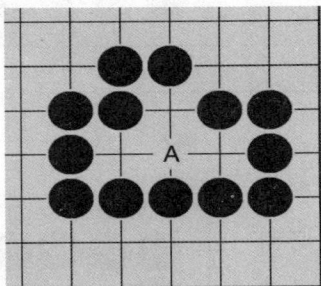

图 6 - 118

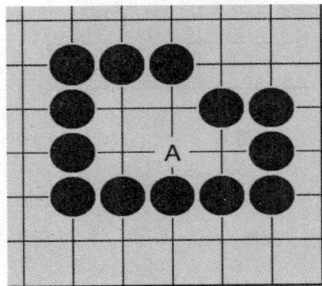

图 6 - 119

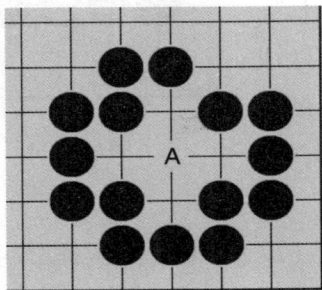

图 6 - 120

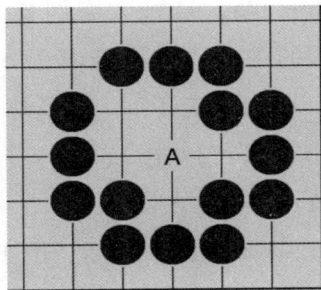

图 6 - 121

　　这些相当于一个半眼的大眼有一个共同的特点，就是仅有一个形的中心点，即各图中的 a 点。黑方着于此点即可将空点分隔开，形成至少两个眼。而白方着于此点，黑就无法再分隔开这些被围的空点，就只能是一个眼了。

曲四（图6－122）和直四（图6－123）就有两个形的中心点，即两个图中的 a 和 b，由于两个着点黑必得其一，所以黑一定能将被围的空点分隔开，成为两个眼。

曲四和直四是相当于两个眼的大眼。

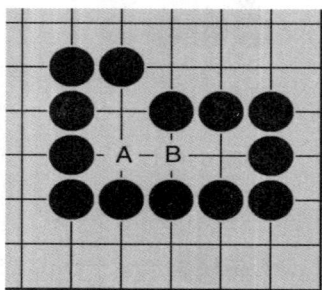

图6－122

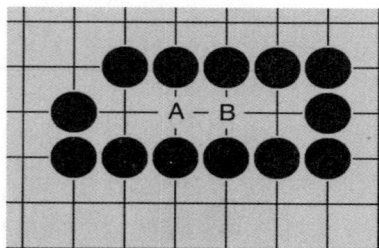

图6－123

图6－124 的大眼叫板六，也是相当于两个眼的大眼。a、b 两点是对称的，黑必得其一。例如白 a 则黑 b，以后 a 位白子两旁的空点，黑必得其一，从而做成两个眼。

图6－125，这种大眼叫做"方花七"。a 位是形的中心点。黑若着于 a，则可做成两个眼。而白若着于 a，则虽然黑无法做成两眼，但是黑可以走 2、4 的着法防御，结果成图6－126 的结果。

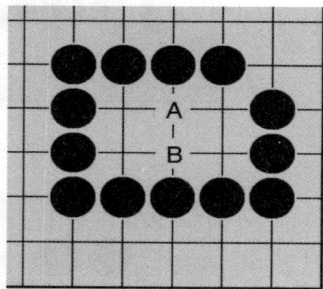

图6－124

图6－126 的白 5 以后，由于白走 a（或 b）位，则黑提白四子是曲四大眼，黑是活棋，而黑走 a（或 b）打吃白三子，则黑提白三子后成直三大眼，白可以点死这块棋，所以图6－126 的棋形是"双活"。

方花七大眼是相当于两个眼的大眼（即有这种大眼的棋是活棋）。图6－125 中白 a 位点是有 6 目棋价值的着点，这是一步官子棋。上面所举的大眼是棋形没有缺陷的。有的大眼，由于围大眼的子没能连成一团和气紧等弱点，在死活方面的作用就不能与同样形状的没有缺陷的大眼一样。

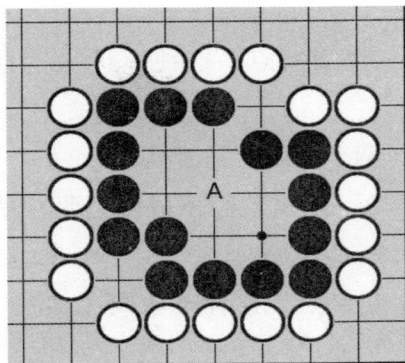

图 6 - 125

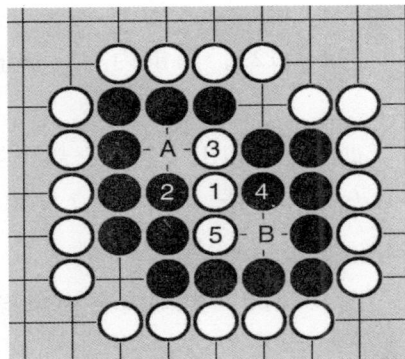

图 6 - 126

图 6 - 127 是有缺陷的曲四。由于断点和气紧，白 a 位打，黑需 b 粘，白再 c 长，黑棋只有一个眼。这种有缺陷的曲四只能相当于一个半眼。

图 6 - 128 是有缺陷的板六。同样由于断点和气紧，白 a 位点，黑 b 位顶，则白 c 长，黑做不成两个眼。这种有缺陷的板六只相当于一个半眼。

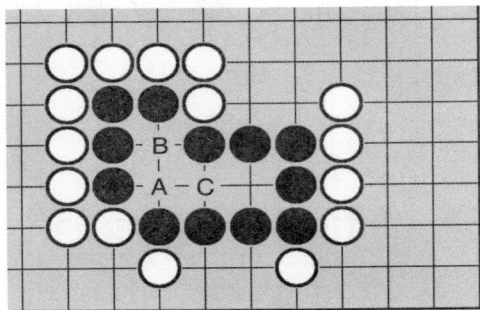

图 6 - 127

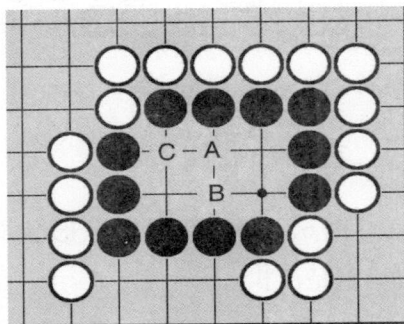

图 6 - 128

在前面我们学习了真眼、假眼和两眼活棋，这是死活棋的最基本的知识，要想提高棋艺水平，还需要不断提高辨别死活棋的能力，对一些常见的死活棋的形状，要做到一目了然，一看就知道是死棋还是活棋。

直三和曲三

图 6 – 129，黑棋内有一成直线的三个交叉点，这种形状叫"直三"。

如果在 a 位下一黑子，黑棋就具备了两个真眼，是活棋。

如果在 a 位下一白子（这叫"点眼"），黑棋就做不成两个眼，是死棋。

图 6 – 130，黑棋内有拐角形的三个交叉点，这种形状叫"曲三"（或"弯三"）。

曲三和直三一样，a 位是要点。黑在 a 位下一子，做成两个眼，是活棋；白方在 a 位点眼，黑棋就死了。

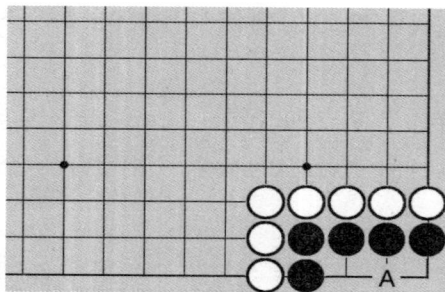

图 6 – 129

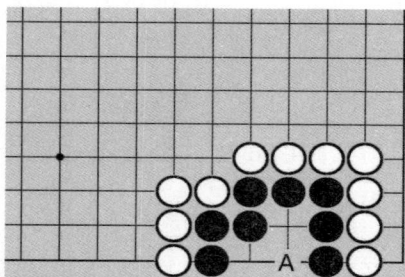

图 6 – 130

直四和曲四

图 6 – 131 黑棋这个形状叫"直四"，是活棋。

如果白在 a 位点，黑走 b 位即活；白在 b 位点，黑走 a 位仍是活棋。直四是点不死的。

图 6 – 132 黑棋这个形状叫"曲四"，是活棋。白在 a 位点，黑走 b 位

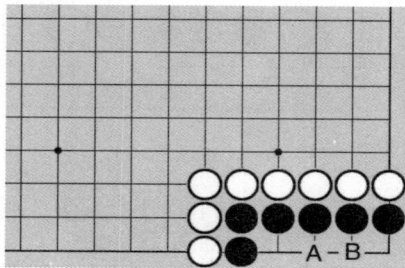

图 6 – 131

即活；白在 b 位点，黑走 a 位也活。曲四也是点不死的。

但是，图中黑●位需要注意，如果改换为白子，黑棋就成为"断头曲四"，其结果完全不同。试看图 6 – 133。

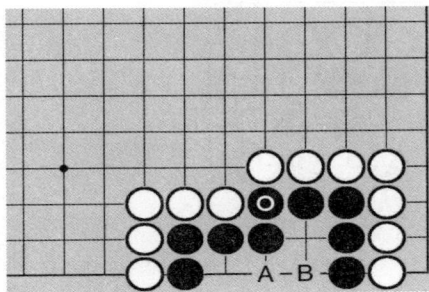

图 6 – 132

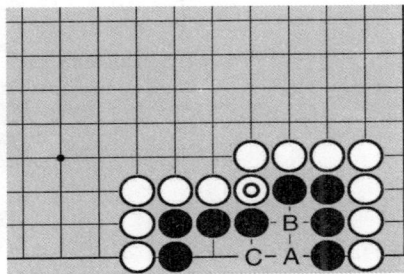

图 6 – 133

白在 a 位打吃，黑 b 位接，白 c 位长，黑棋就只剩一个眼了。所以，"断头曲四"是死棋。

方四

图 6 – 134 黑棋内四个交叉点所构成的正方形状，叫"方四"，是死棋。

即使黑棋先下子，无论下在哪一点，都只能构成"曲三"的形状，白棋一点就死了。

丁四

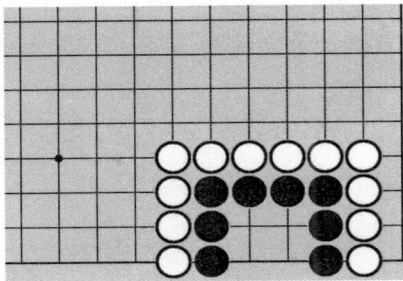

图 6 – 134

图 6 – 135，黑棋内四个交叉点所构成的"丁"字形状，叫"丁四"。

黑在 a 位做眼，黑即活；白在 a 位点眼，黑即死。

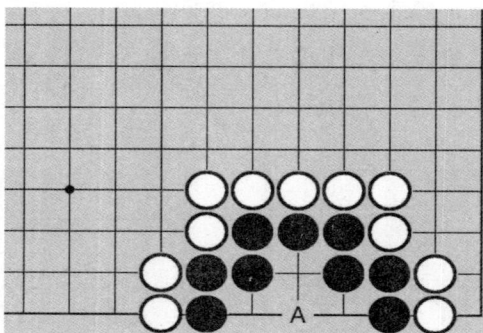

图 6 - 135

刀五和梅花五

图 6 - 136，黑棋内五个交叉点所构成的形状，叫"刀五"。

a 位是要点。黑在 a 位做眼，即活；白在 a 位点眼，黑即死（因为白棋可以逐步下子，把黑棋做成"方四"或"丁四"形状）。

图 6 - 137，黑棋内五个交叉点所构成的形状，叫"梅花五"。

a 位是要点。黑在 a 位做眼，即活；白在 a 位点眼，黑即死，因为黑棋无论在哪里下子，都做不成两个眼（如黑不走，白可逐步把它做成"丁四"）。

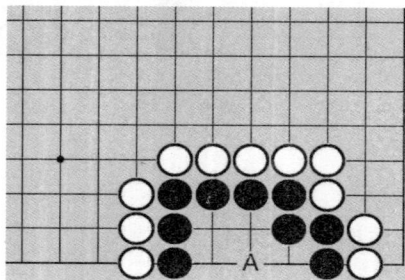

图 6 - 136

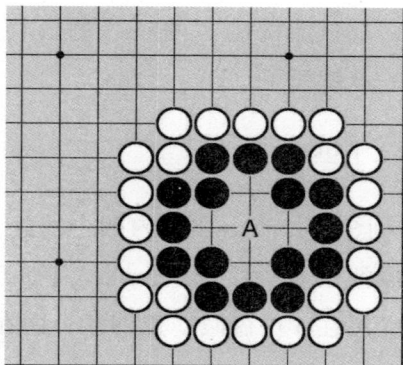

图 6 - 137

葡萄六

图 6 – 138，黑棋内六个交叉点所构成的形状，叫"葡萄六"。

a 位是要点。黑在 a 位做眼，即活；白在 a 位点眼，黑即死。白于 a 位点后，黑若走 b 位，白即走 c 位，黑若走 c 位，白即走 b 位；如黑不走，白可逐步把它做成"刀五"或"梅花五"。

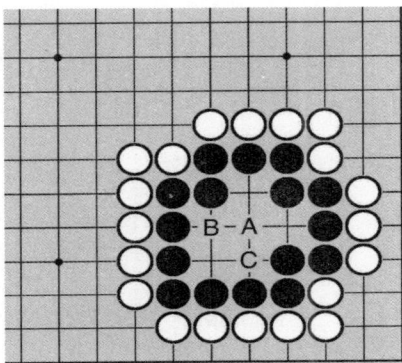

图 6 – 138

板六

图 6 – 139，黑棋内六个交叉点所构成的形状，叫"板六"，是活棋。如白走 a 位，黑即走 b 位；白走 b 位，黑即走 a 位，总有两个眼。但是，如果黑●一子改换为白子，黑棋就是"断头板六"，是死棋。试看 6 – 140。

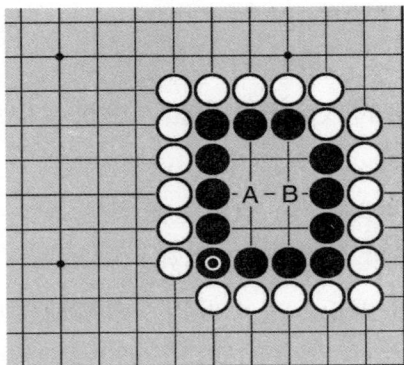

图 6 – 139

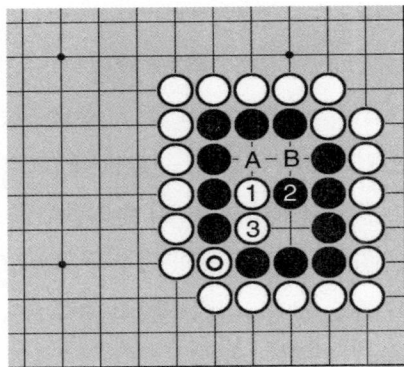

图 6 – 140

图 6 – 140 中，因有白○一子的关系，白 1 位点，经过黑 2、白 3，黑就不能在 a 位做眼；黑如在 b 位连接，就演变为"直三"或"曲

三"，黑棋即死。

七死八活

图 6 – 141，在二路直线上排列着七个黑子，白棋先走，黑棋即死，见图 6 – 142。

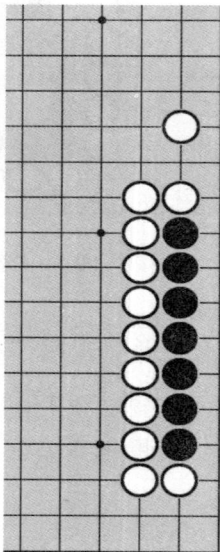

图 6 – 141

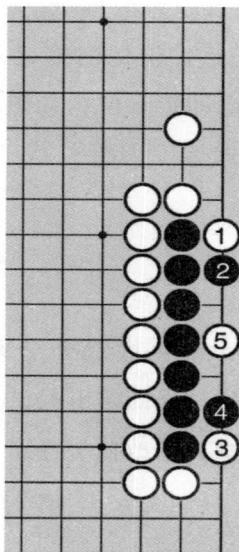

图 6 – 142

图 6 – 142，白 1 扳，黑 2 挡；白 3 再扳，黑 4 再挡，黑棋就构成"直三"形状，白 5 一点即死。

点死这样的棋，有个口诀："七子两头扳，一点就全完。"

图 6 – 143，白棋八个子是活棋。黑棋先走，也点不死。

图 6 – 144，黑 1 扳，白 2 挡，黑 3 再扳，白 4 再挡，白棋就构成"直四"形状，活了。

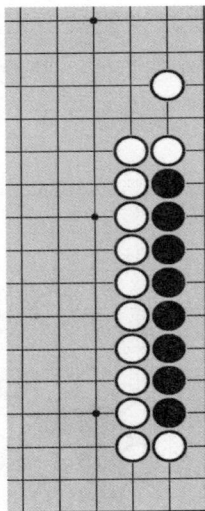

图 6 – 143

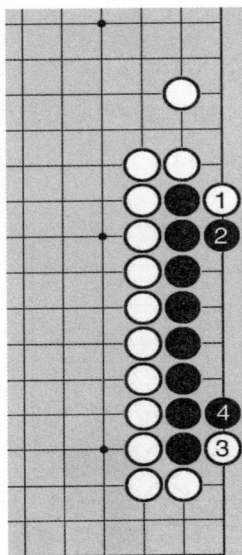

图 6 – 144

老鼠偷油

图 6 – 145 这种形状的黑棋，白棋先走，可以把它点死，俗称"老鼠偷油"。

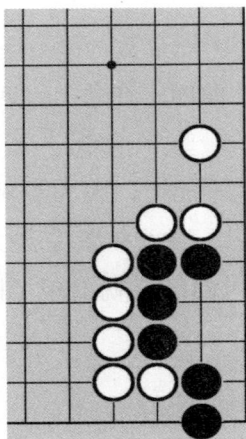

图 6 – 145

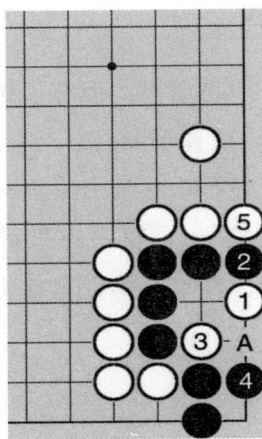

图 6 – 146

图 6 – 146，白 1 透点，是要着。黑 2 立下，阻止渡过，白 3 断后，黑棋两边都不能入子吃白，至白 5 止，整块黑棋便被杀死。

白 1 点后，如黑 2 在 a 位反虎，白棋则走 2 位，要吃"倒扑"，黑棋也死，见图 6 – 147。但是，如果白 1 扳，黑棋就活了，见图6 – 148。

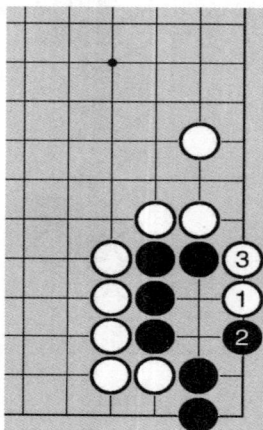

图 6 – 147

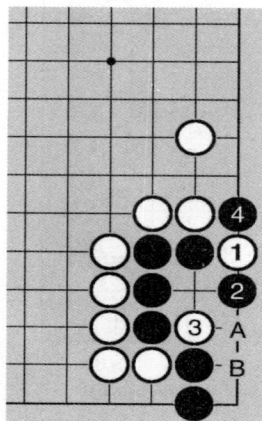

图 6 – 148

图 6 – 148，白 1 扳，黑 2 挡，白 3 断吃，黑 4 提。提后，如白走 a 位，则黑走 b 位，即活；如白走 b 位，则黑走 a 位，也活。

盘角曲四

曲四，一般是活棋。但有一种特殊的曲四，在角上，叫作"盘角曲四"，是死棋。试看下图。

图 6 – 149 的 a、b 两个位置，黑棋都不能走，因为走后吃掉三个白子，成为"直三"，白棋一点即死。但是，白方在紧完黑方外气之后，再在 a 位下子，打吃黑棋，黑在 B 位提白四子，就出现了图 6 – 150 的结果。

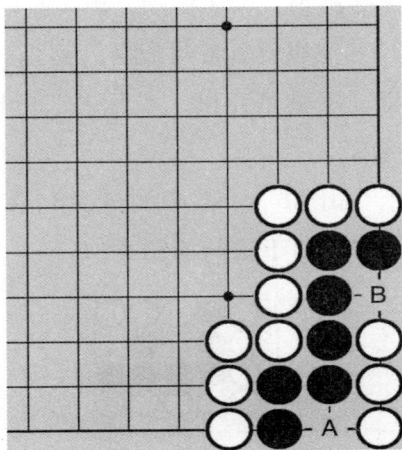

图 6 – 149

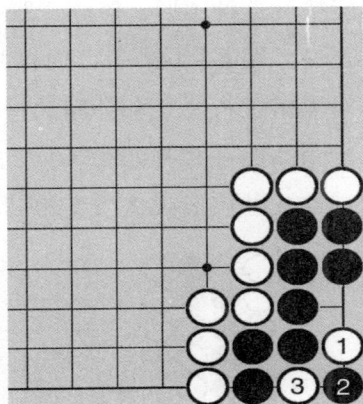

图 6 – 150

如图 6 – 150，接着白 1 位点，黑 2 位抛劫，白在 3 位提劫。但这种劫，实际上是打不成的。因为打劫的主动权在白方，白方可以在开始打劫（即"开劫"）以前，先紧完黑方外气，再把棋盘上所有黑方可以找到劫材的地方都补净，然后在图 6 – 150 中的 1 位下子。这时，经过黑方提白四子，白 1 点眼，黑 2 抛劫，白 3 提劫之后，黑方因为找不到白方的劫材，无法打劫，就被白方吃掉。这种情况，叫作"盘角曲四，劫尽棋亡"。

图 6 – 150 说明，对于盘角曲四，必须先紧完外气，再把劫材一一补净，然后再"开劫"，才能把它吃掉。如不紧完外气，即行投子开劫，黑棋反而活了。见失败的图6 – 150。

这是图 6 – 151 中，白棋在没有紧完外气即行投子"开劫"，黑棋

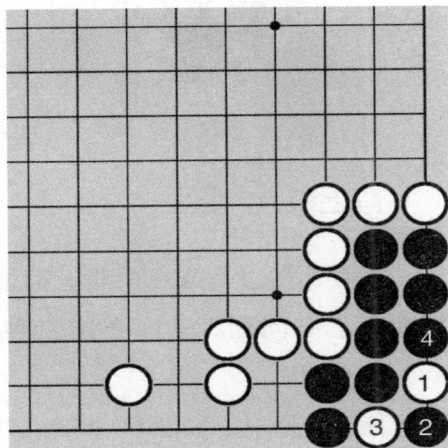

图 6 – 151

提白四子以后的形状。经过白 1 点，黑 2 抛劫，白 3 提劫，黑 4 打吃后，白不能粘（这种图形，俗称"胀死牛"），黑棋就具备两个眼，活了。

还有，图 6－149 中，白棋是活棋，黑棋是死棋，实际上，白棋就没有对黑棋进行紧气和补净劫材的必要了。

盘角曲四一共有四种不同的样式，如图 6－152 中的 A、B、C、D 所示，这几种棋形必将演变为"盘角曲四"。下法与前图类似。

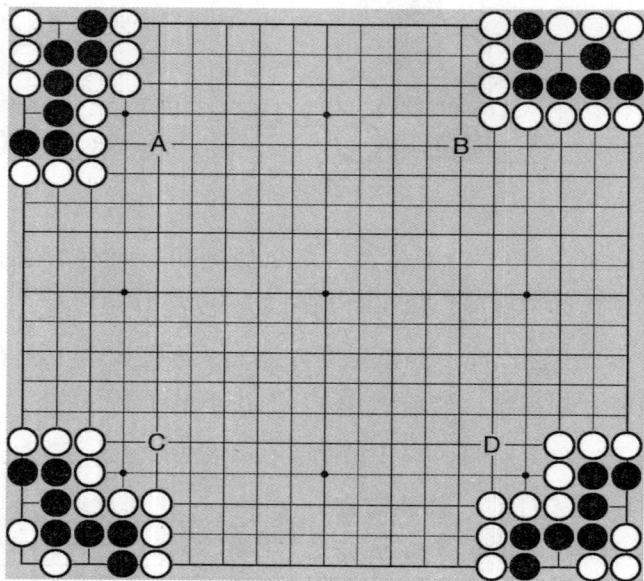

图 6－152

角上板六

板六，在边上或在中腹，都是活棋；唯独在角上有问题。下面介绍三种"角上板六"的情况。

第一种情况，如图 6－153，黑棋是"角上板六"，没有外气，是死棋，见图 6－154 所示。

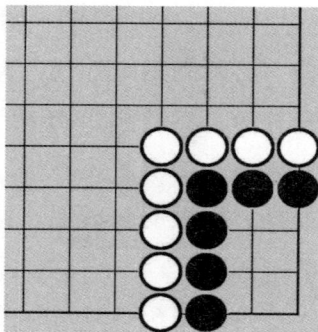

图 6－153

图 6 – 154，白 1 点，是要点。黑 2 夹、白 3 立后，黑棋因为没有外气，不能在 A 位做眼，成为死棋。

如果白 1 误在 2 位点，就成劫活了，见图 6 – 155。

图 6 – 155，白 1 是错着。至黑 4 止，成为劫活。黑 4 如不走，白走 4 位，即成"盘角曲四"，黑是死棋。

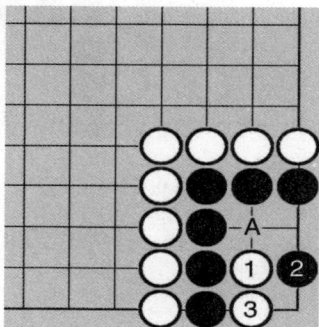

图 6 – 154

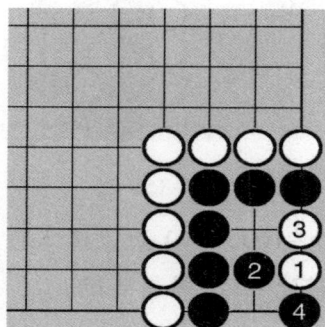

图 6 – 155

第二种情况，如图 6 – 156 所示，黑棋"角上板六"有一口外气，是"劫活"，见图 6 – 157。

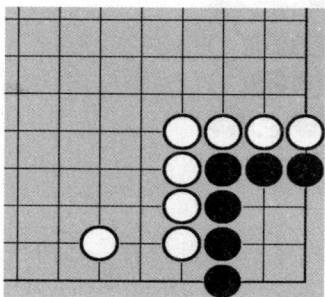

图 6 – 156

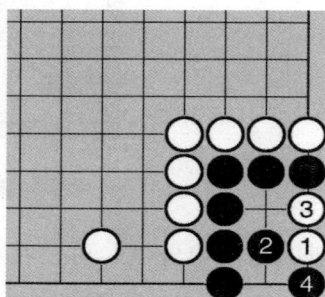

图 6 – 157

图 6 – 157，白 1 点，是正着。到黑 4 为止，成为"劫活"。

图 6 – 158，白 1 点，是错着。黑 2 夹后，白棋如在 a 位立，黑棋因有外气，在 b 位做眼即活；白棋如在 b 位长，黑棋在 a 位做眼，也活。

第三种情况，如图 6 – 159，黑棋"角上板六"，有两口外气，是活棋。见图 6 – 160。

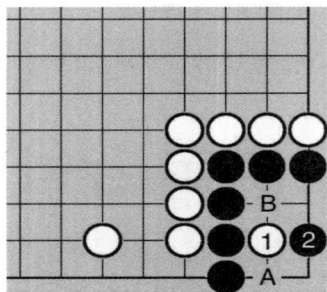

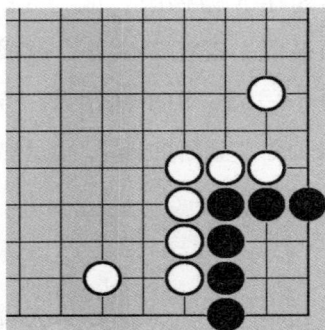

图 6 – 158　　　　　　　　　　　图 6 – 159

图 6 – 160，白 1 点，黑 2 应，白 3 长，黑 4 扑，到黑 6 为止，吃了白的"胀死牛"，黑是活棋。

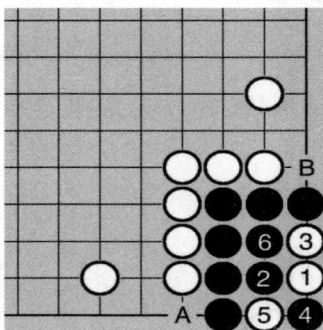

图 6 – 160

黑棋因有两口外气，可以在 6 位吃白子；如果只有一口外气（即在 a 位或 b 位有白子），就不能在 6 位入气吃白子了。

由此可见。"板六"在中腹或在边上都是活棋。"角上板六"是死棋还是活棋，则要看有无外气及外气多少来决定：没有外气，是死棋；有一口外气，是劫活；有两口以上的外气，是活棋。

角上板八

图 6 – 161 为角上板八。

如图 6 – 162，白 1 点，黑 2 应，都是正着。至黑 6 为止，成为双活。

白 1 点后，如黑 2 误走 3 位，白 2 位扳，即成劫活。如黑 4 误走 5 位，白即在 4 位打吃，也是劫活。

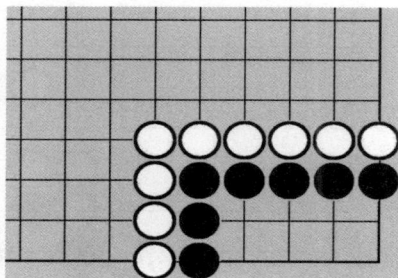

图 6 – 161

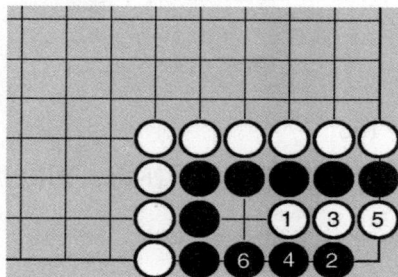

图 6 – 162

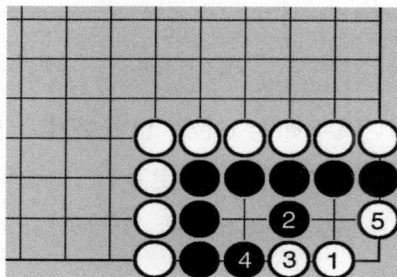

图 6 – 163

如图 6 – 163，白 1 如在 2 位点，也是双活。

图 6 – 163 变化的结果，虽然也是双活，但白棋落后手，不合算。

大猪嘴

图 6 – 164 的黑棋图形，俗称"大猪嘴"。碰到这种形状的棋，一扳一点就死了（俗话说："大猪嘴，扳、点、死。"）

如图 6 – 165，白棋 1 扳、3 点、5 立后，黑棋不管怎样走，都不能活（黑如 a 位做眼，白则 b 位打吃；黑如 b 位做眼，白则 a 位破限）。

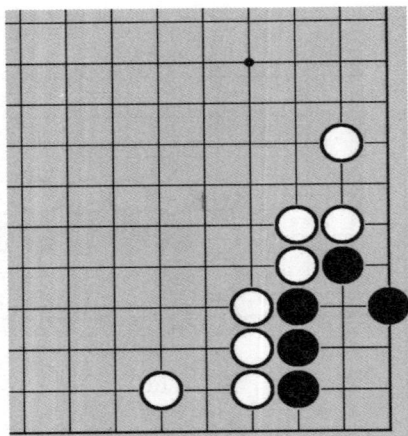

图 6 – 164

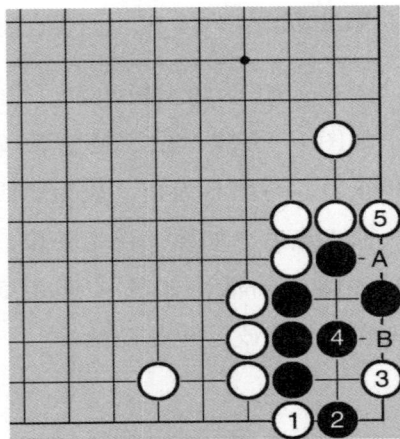

图 6 – 165

黑 4 如走 b 位，也是死棋，见图 6 – 166。

图 6 – 166，黑走 4 位，白 5 位立，黑 6 做眼，白 7 扑后，即破黑眼，黑棋还是不能活。

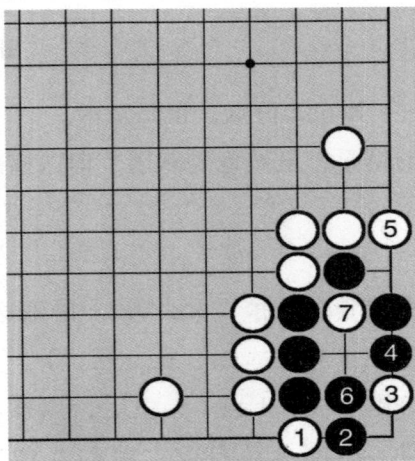

图 6 – 166

小猪嘴

图 6 – 167 黑棋图形，俗称"小猪嘴"，是劫活。

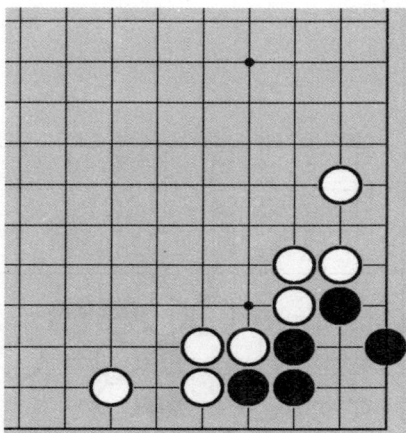

图 6 – 167

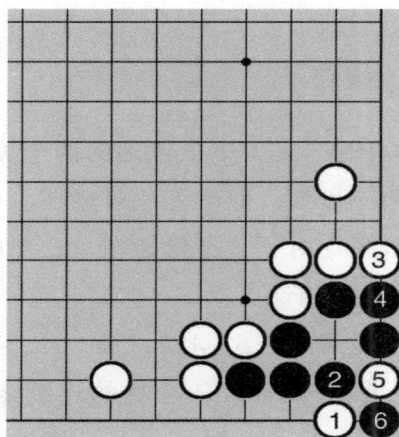

图 6 – 168

图 6 – 168 中白 1 点，是正着。黑 2、白 3 至黑 6，双方都是必然地走法，成为劫活。黑方是先手劫。

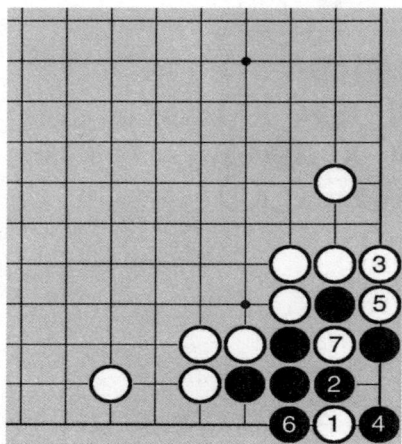

图 6 – 169

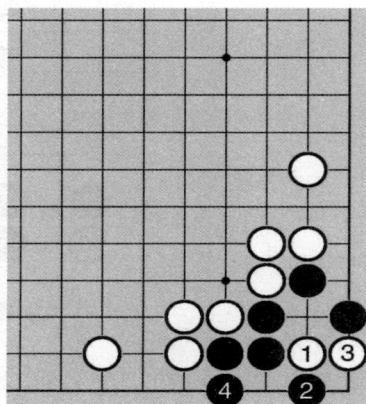

图 6 – 170

变化图，如图 6 – 169，从白 1 至白 7，虽然也是劫活，但黑方是后手劫，比较吃亏。

失败图，如图 6 – 170，白 1 是错着。到黑 4 为止，黑棋即活。

白 3 如走 4 位，黑走 3 位，也是活棋。

拔钉子

图 6 – 171 中被包围的两个黑子，只有三口气，似乎无法可救了。但是黑如果走对了，不仅能活，还能吃掉角上的白子。

正解如图 6 – 172，黑 1 冲，是要点。以下几着，是必然的连续走法。到黑 11 为止，黑子气长，即吃掉白子，而与外面黑棋通连。

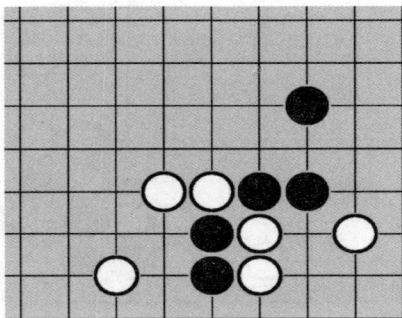

图 6 – 171

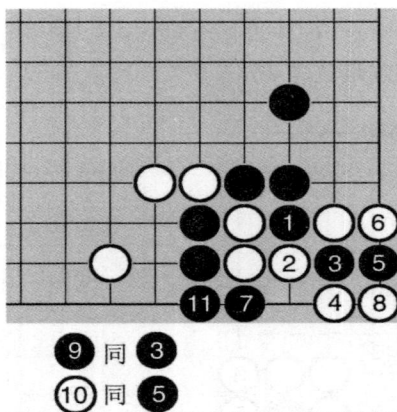

图 6 – 172

失败如图 6 – 173，黑 1 如不冲而挡，白 2 接后，白棋气长，两个黑子无法逃走。

现在我们把学过的死活棋形状总结一下，并应牢记：

（1）可点杀的形状有：直三、曲三、丁四、刀五、花五、花六。

（2）不能点杀的形状有：直四、曲四、板六。

（3）方四不用走也是死棋。

（4）角上板六没有外气是死棋，有一口外气是劫活，有两口外气是净活。

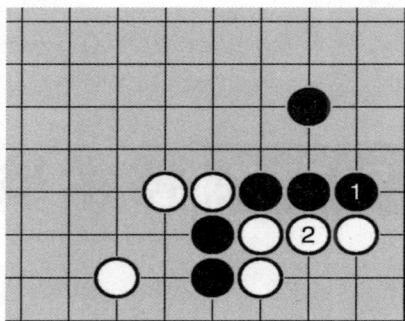

（5）在二路边上是"七死八活"。

（6）角上曲四叫"盘角曲四，劫尽棋亡。"

图 6 - 173

PART 7 技术战术

围棋战术概述

围棋是两方棋手之间的战争游戏。围棋的战争，目的是争地盘围空，为了达到这一战略目的，棋手在棋盘上挥师搏杀，斗智斗勇。要打赢围棋的战争关键是制定和运用战术。制定和运用战术，是下围棋最富魅力之处。棋手为将帅，棋盘是战场，棋子皆甲兵，将帅运筹帷幄，战场硝烟四起，兵卒殊死搏斗，斗阵变法，刀砍斧劈，勾心斗角，暗器伤人。壮哉围棋！

不同风格的棋手会有不同的围棋战术，对同一个局面也会有不同的理解。如果你问的是种类的话，那么有实地派，恨空流，韩国风（典型的为小李僵尸流），均衡型，稳健型，保守型等等数不胜数。如果你问的是大方向的话，有很多战术，但之前先要明确如果在均衡的局面下，你肯定是在某些地方遭受了一些损失之后才获得了攻击的机会，这时就要看大形势选择不同的战术，常用的有：

攻击

（1）声东击西，出现了一块孤棋，并不急着去攻击它，而是四处询问对手应手，一般对手不敢用强，你就会占顺手便宜，如果对手强硬的话，可能会留下许多借用，这会为孤棋增加危险。你就会从孤棋上占到更多的便宜或干脆把孤棋杀死。

（2）顺势的感觉，有些时候攻击一块孤棋，可以顺势取得一定的实地或者抢占大的地方，从而打破实地的平衡而使局面更加主动。

防御

（1）轻，受攻的棋一定要下得轻，让对手即使吃掉了其中的一部分你也不会损失多少，甚至还会取得更大的便宜。

（2）弃子，就是孤棋若是十分危险，便可以考虑弃子取势或是弃子换取攻击对方的棋的机会，有时即使棋不会死，在会被对方占许多便宜的情况下，弃子也很常用。

（3）腾挪，就是在治孤的时候，靠着对方棋子东碰碰西撞撞，有时会取得不错的成果，使孤棋转危为安或者先在外围取得一定的便宜，再继续治孤。

混战

这就要清晰的战略，最好是能一边攻击别人一边加强自己，这时候厚薄就起到了至关重要的作用，不要贪图实地而使自己在混战中被动，一般这样会吃更大的亏。

围棋布局战术

一般来说，一局棋分为布局、中盘、收官三个阶段。其中，布局是指围棋的开局；收官是指双方大致的区域已经划定，在双方最后划定区域的分界处展开最后的争夺；而从布局结束到收官开始之间的过程统称中盘。

布局的一般原则

1. 以大局为重，眼光要远

围棋的全局观念至关重要，开始局投子要抢占要点，并注意子力间的策应和联络，最忌一开始就在乎只子一城的得失。初学者往往会一开始便纠缠一两子的得失，等到此小战役虽然胜了，地盘却让人占尽。

2. 取地取势，心中有数

一般棋盘第三线为布局线，第四线以上为势力线，是取地或取势，当根据这两条线的特点，并考虑自己的特长和对手的特点来决定。一般以从第三线投子先建立坚实的根据地，再向第四线以上扩展势力为宜。

3. 占边占角，瞄准中腹

边角之地投子易活，且边角地域看似不大，其实目数很多。

4. 让边让角，中腹难胜

围棋是在一攻一防中完成地域得失的，如布局开始即围取中腹，对方则必然收缩边角，先取实利，等到中腹阵地逐渐形成时，对方必然从四方侵袭，于是又需四处围堵，此时很容易被冲破缺口，那时就很难收拾。一般始占中腹，结果算起来都少于边角的目数。

5. 过实过坚，吹毛求疵

开始如一味巩固阵地，唯恐对方侵入，必将贻误战机，任由对方从容配置力量、抢占要点，自己虽占牢一隅，却失大势，局末终败相尽出。布局犹如划分疆界，如开始就小规模经营，势必失大。况且布局的范围，不一定要终是自己的地域，只是应战的轮廓。关键是开始抢占要点，犹始抢占"制高点"，取得优势，自然就能控制较大地盘。

6. 位高拆广，位低拆狭

"拆"手法在开局时常用，就注意根据己方和对方据点的高低来"拆"。一般说来，离边线近的地方，拆时应拆一或二，离边线远时可拆远些。这就是"立二拆三，立三拆四，立四拆五"的道理。

7. 瞄准中央、尖关有利

占据根据地后，如何占领中央腹地，使用"尖"或"关"的手法，即可威胁对方，又可扩张领域，所谓攻守兼备，一举两得，而且很少会下出劣着。

8. 四线有利，二线难行

如被压于第四线作战，则每长一着棋，即获数目的实地，好处是明显的。如被压于二线，实地虽得，只是太少，并造成对方强大外势，以后获利更大。如被压于二线，如不是极重要之子，宁可放弃。

9. 敌阵勿逼，已阵勿急

轻入对方坚实之地，易受围攻，陷于失败，对方借机巩固和扩张，必然于己不利，被动受制。开局旨在抢要点，过早攻击不利。如过急于在自己坚实之地附近增加地盘，也容易贻失战机。

10. 通中之路，保畅保顺

开局应考虑进入中腹的路线，避免对方封锁，为的是扩展己方势力和削弱对方。一般边角之地多会平分秋色，中腹之地决定双方胜负。如开局安于小角小边，失去日后进取中腹的通道，必将导致终局失败。

11. 浮棋少现，子子相策

浮棋就是无根据地孤子，常出现在三线以上。这种孤子最易受攻击、围困，最终导致对方阵地巩固，地盘扩大，浮棋如多就很难收拾局面。

围棋布局要领

角的原则

大家都知道，围棋是以双方占地的多少来决定胜负的。因为占据空角和守角最容易得地，所以在布局开始时，双方总是先争占空角，接着就是守住自己占的角，或者是挂对方的角，也就是不让对方守住所占的空角。

1. 布局的基本原则

占角容易围空，是因为它控制了棋盘的两面盘端。围同样多的地，中央要围四面，边上要围三面，而角上只围两面就行了，所以在角上着手的效率比起中央和边上要高得多。

因此，一般的布局次序是：

（1）占空角；

（2）守角或挂角；

（3）拆边。

这就是布局的基本原则，提请大家注意。

2. 空角下子的部位

一般有星位、小目、三·三、目外、高目等。

第三线容易获得根据，第四线易于向中央发展。简而言之，第三线是实利线，第四线是势力线。

那么，第三线与第四线哪个更有利呢？这当然无法断言。在布局阶段都是保持第三线与第四线的均衡，以建立布局的骨骼。

下在棋盘上的棋子，位置越低越容易获得根据，位置越高越易于取得势力，这是一条基本法则。

3. 星位与"三·三"的特性

布局的基本的原则是：第一占空角；第二守角或挂角。但是星位与"三·三"都不必急于守角或挂角，这是它们的特性。

4. 小目特性

小目的位置占据了布局的基本线——三线与四线的交叉点上，这是下小目兼顾实地与外势的意味。

边的下法

1. 拆边的意义

"用两三个子控制盘上的某一个空间"这可以说是拆边的意义。

双方占空角，守角、挂角之后，下一步就是向边上的进军。

围棋的胜负，最后要取决于双方所围的实地多少，开拓地域的着手，就是拆边。拆边共有 4 种：二间、三间、四间和五间。一间与六间是特殊情况，属于例外。

位置共有三种：三线与三线、三线与四线、四线与四线。

一般来说，拆的距离越近，连接越安全。狭拆，易于围空，但地域较小；远拆，难于围空，但一旦成空则地域较大。

2. 地域的问题

一般的初学者只想自己如何围空，而忽略了破坏对方的空具有同样的价值。

布局阶段有两种情况最为多见：

（1）破坏对方空时，开拓自己的空；

（2）攻击对方弱子时，围出自己的空。

兼有两种作用以上的开拆为最佳，当优先选择。

3. 开拆的问题

开拆是以两、三个子在盘上画出界线，占有某一空间。所以，从这一定义上来看，守角也是一种开拆。布局就是开拆的竞技，因为开拆后才能画出地域轮廓，才能扩大地域。

（1）开拆的目的：①求得安全；②扩大地域。

（2）开拆的原则："立二拆三"、"立三拆四"……

大场的选择

1. 大场

顾名思义，市场中对称大场者即是大的场所。除了占空角、守角和挂角都是当然的大场之外，一般所说的大场，通常是指有利于开拓自己的地域，扩展自己的势力范围和破坏对方开拓的地域、限制对方扩展势力范围的好点。

2. 理想形

占据大场时，要考虑到棋子之间的配置。棋形好，效率才会高。

立体的方形叫作"箱形"。这种形状有利于发展势力，成空的效率也高。

格言说得好："棋子围空方胜扁"。就是说同样子数围地，方的要比扁的大。

3. 大场的价值

盘上的好点还比较容易发现。然而，当盘上有两个或两个以上的大场时，要判断哪个更好，却比较困难。这时，我们就必须根据全局的子力配置，分析其价值大小和优劣缓急。

（1）获得理想形大场比破坏对方理想形大场价值大

（2）有后续手段的大场价值大

（3）具有攻防意义的大场价值大

在实战中应根据比较大场的价值大小和优劣缓急的原则去灵活运用。

（四）局部要点与形势要点

1. 局部要点

下围棋时，在一个局部，常可听到"这是个要点"的说法。"要点"，是指十分紧要的处所。有些地方看似不大，其实价值很高，往往关系到双方的劳逸与安危，直接影响到全局，这是普通"大场"所不能相比的。在局部的棋形中，有许多这样的要点。

（1）形的急所。"急所"一词来源于日本围棋术语，现在我国棋界也广为使用了。它是指在敌我双方互相接触的棋形中，无论对于攻方还是守方都十分重要的那些"要点"。

（2）劳逸攸关的"根据地"。

（3）攻防好点。

2. 形势要点

形势要点对于单方的模样、势力来说，是指构成模样或发展势力的绝好之点；对于双方以模样或势力相抗衡的局面来说，则是指那些关系双方形势消长的要点。这种要点的价值往往无法用确实的目数去计算，但它对全局形势发展的影响却极为重大，绝不能忽视。因此，锻炼自己对形势要点的感觉和洞察力，培养全局观念，是至关重要的。

3. 全局形势消长要点

顾名思义，形势消长要点是指关系双方势力发展和消减的地方。占据这类要点，不但能使自己的模样扩长，势力得到发展，同时还能使对方的模样缩小，势力发展受到限制。对于双方以互围模样进行抗争的局面，这种要点的争占尤为重要。

在日本的围棋术语中，称这类要点为"天王山"，可见它的重要作用及巨大威力。由于具体局面各不相同，所以形势要点多种多样，因形而异。

把握好以上布局基本"原则"十分重要。有了这些概念，我们才能构思好围棋布局，为夺取全局的主动权，进而最终取得胜利打下良好的基础。

中盘行棋要领

围棋中盘阶段的特点

布局结束后就进入了中盘阶段。布盘阶段可以看成是中盘战的序幕。中盘开始对局双方即将展开惊险激烈的搏杀。

之所以说中盘战惊险刺激是因为在这一阶段双方棋子接触头绪众多，既要注重在局部战斗中的得失，更要通过作战来获取全局的主动。会牵涉到两块棋的对杀和死活，盘面上大场和急所的判断。

但围棋最终是以围地的多寡论胜负的。因此不论在哪一阶段哪种场合始终要把"占地"作为最终目标。"占地"并非狭义上的"占领实地"，而是广义上的"有利于最终得到实地的一切行为"。

中盘作战既要战斗又不唯战斗。通俗地讲就是在中盘作战中要时刻做到全局在胸，局部利益服从全局利益。为了"占地"而作战，避免为了作战而作战，树立起良好的中盘大局观。

全局的要点

一局棋是由多个局部组合而成的。由于在每个局部棋子的位置形态不同，所以在每个局部产生了不同的要点。

而从宏观上讲全局的要点正是产生于这数个局部要点的组合中的着手。它可能并不是某个局部的最佳应手，也可能不是某个棋形的急所，但它却能唤起全局的活力，能够控制全局的导向，能够将数个局部最佳地结合起来。

因此占领这种要点的意义，往往不局限于战术上，而是着眼于战略上的。这样的要点并非是时刻都存在，也并非同时存在多个。所以要掌握全局的主动权，就必须竭尽全力地去拼抢这样的战略要津，占领这样的着点一定要本着"抢"的思想而不能是"占"或者其它想法。

要注意全局势与地的平衡

所谓势也常叫"厚势"，是指在行棋过程中有意构筑的一块强棋。它往往以牺牲一些实地为代价，而在某个局部建立起自己的"桥头堡"，以期在今后的行棋中发挥它的辐射作用，从而获得种种便宜。

常有人将势与地的关系形象地比喻成存款与现金的关系。

意思是说实地是握在手中现实的东西，而外势则是一种投资。它可能收获比先前投入更大的利益，也可能"血本无归"。因此具有一定的风险性。实战中并不是说占领实地的一方，就不冒风险。因为在你获取实地的同时，对方要么也获得了实地，要么就筑起了外势。

对局中到底是要外势还是取实地呢？这是一个专业棋手也各执一词的问题。但至少有一点共识：那就是注重势与地的平衡，不可偏执于一方。

如何达到势与地的平衡，是一个说起来简单做起来难的问题。

说简单其实就是在对方形成了外势时，你就要有意识地走厚自己的棋，让其的厚势作用不得到发挥。

如对方占领了实地，你也应抢占一定的地盘来保持盘面上目数的基本平衡。

所谓做起来难，是说对方形成了外势以后，它的价值有多大？你该有个准确的判断。你还要想法限制它的外势，使其不发挥作用。

如对方占领了实地，你就该考虑如何将自己手中的外势，转化为实地。这其中牵涉了形势判断、厚味利用、破空、守空等诸多围棋课题，只有通过实战中的磨炼才能掌握平衡局面的要诀。

打入

打入是围棋中盘技巧中最重要的课题之一。打入水平的高低代表着棋手中盘力量的强弱。因此要增强中盘力量，就必须在提高打入技巧上下功夫。

所谓打入，顾名思义就是在对方的空地里或势力范围内投入兵力，进行夺地作战。

按打入的目的分，可以将打入分成四种类型：

第一种打入对方的棋中，将对方棋子分割开来，进行攻击。

第二种打入对方棋中，活棋进行破空。

第三种打入对方棋中，期望获取某种利益。这种打入往往和试应手和弃子有关。

第四种作为胜负手的打入，这种打入往往是不利情况下，搅乱局面的特殊手段。

打入后，处理自己打入棋的手段又分成三种方法：

第一种打入后，成功逃出。

第二种打入后，成功就地做活。

第三种打入后，进行腾挪转换，获取一定的利益。

如打入之后，被对方全歼，则说明打入不成功。

所以打入的前提条件就是至少具备上述三种出路之一。否则就不能称其为打入而是"送吃"。

打入属中盘战常用战术之一，打入点的选择有很多规律。一般是在三、四路上。选择打入的时机也非常重要，过早容易失去大局，过晚危险性增大。对许多类似"中盘定式"式的打入常型的熟练掌握和理解，就能在实战中做到举一反三、触类旁通。

侵消

侵消作为一种中盘手段，其性质比打入"温和"了许多。虽然和打入一样都是以破坏对方实空和模样为目的，但两者的性质却有所区别。打入主要侧重于攻击和破空。从手法上说其更激烈更刚猛，从效果上说其破空更彻底更完全。但往往其危险性也较大。侵消则主要侧重于削减和压缩对方的形势。

围棋收官要领

官子的种类

官子只有三种类型：

（1）双方后手：无论哪方下都是后手，是三类官子中价值最低的一种。对于双方后手官子的原则应该说最简单，也最容易理解，即是从大到小。

（2）双方先手：无论哪方下都是先手，是官子种类中价值最高的一种。因此，在收官阶段时要优先争占此类官子。我国清代著名棋手施襄夏在其所著《凡遇要处总诀》中曾指出："彼此均先路必争"。他明确指出了双方先手官子的原则，应是双方必争。

（3）单方先手和逆先手：一方下是先手官子，而另一方下则是后手官子时，对前者来说是单方先手官子，对后者来说就是逆先手官子。也称"逆收"。单方先手的收官原则可以总结为：掌握时机。（有时不一定是"绝对先手"；还要考虑"劫材"的因素）在考虑逆收时，要先分析一下所余官子的分布情况，算出先行官子的价值。如果逆收官子的目数大于先行官子的价值，那么逆收有利，反之则逆收不利。

无论哪一种官子，首先都必须对目数有个初步认识，否则无法计算官子。

目数的计算

围棋的最终胜负是以双方各占地域的多少来决定，棋盘上共有 361 个交叉点，占到交叉点超出 180.5 个的一方为胜方。（不考虑黑方贴目）

占领交叉点共有两种方式：一种是用棋子本身占据；另一种是用棋子围出地域来占据。棋子围出地域的交叉点叫做"目"。目的数量叫做"目数"。

官子的计算方法

1. 单方目数增减的计算

单方目数增减的计算比较简单，但它却是出入计算法的基础，目数的得失和棋子的取舍都是根据它的方法来计算的。

2. 双方目数增减的计算

进行"出入计算"（基本计算方法）时，最重要的是正确设想双方的应对。

3. 官子的后继手段及其目数增减

有些官子，除了它本身所得之外，还有后继手段可以进一步再获利益。

这个再获的第二利益，也分后手第二利益（需要'折半计算'）和先手第二利益。

先手第二利益：

先手第二利益的计算方法与后手第二利益的计算方法不同，因为它的第二利益不必花费手数，所以没有必要折半计算，而是把第一与第二利益相加，二者之和就是这个官子的全部价值。

官子的次序

收官阶段时，其次序相当重要。如果不能正确地把握收官次序，即使能准确算出大小，也是枉然。收官次序一般分为两类：即同类型官子次序和不同类型官子次序。

1. 同类型官子次序

在同类型官子次序中，其原则应为从大至小，依次收取。

2. 不同类型官子次序

不同类型官子的收官次序原则一般是：先占双方先手官子，其次是单方先手官子，最后才是双方后手官子。

围棋棋理口诀要领

金角银边草肚皮；三线拆二有根基；
小目飞挂应尖飞；见机夹攻更有味。
小目高挂三线托，托退定式记一记；
星位一挂关或飞，压长定式也可以。
布局关键抢要点，切莫贪吃走小棋。
分投定要位置好，左右逢源最适宜。
立二拆三搭配好，高高低低合棋理；

定要扳住两子头；逃要关来追要飞；
扭十字要长一边，对杀定要算好气；
几子将死请暂放，一旦走尽无余味。
棋精再少要保护，轻子该弃就要弃；
宁失几子不失先；先刺多数占便宜。
莫压四路休爬二；七子沿边活也输；
要走正着走大棋，不走废棋不撞气。
双单形见定靠单；逢方必点逢镇飞；
七死八活是常识；滚打包收是妙棋。
连走三同四要变，左右同形中为宜；
拆逼都是宽处拦，追敌靠近我活棋。
压强不要去压弱，声东目的在击西；
出头舒畅争中腹，当心仅活被封棋。
虚镇实尖灵活用，棋成愚形效率低；
边攻击来边围空，自己勿活要补棋。
能立则立曲则曲；多弃一子能出棋；
两二被打定要长；金鸡独立有骨气。
棋过一半要冷静，判断形势定大计，
若是胜势莫贪心，稳扎稳打操胜棋。
若是败势别灰心，乘早侵袭找弱棋，
刺打断托点利用，弃子造劫借借气，
挑起纠纷比智力，力争败局转棋细。
双先官子抢着走，收官需慎莫大意。
布局常形十二种，中国流和二连星，
对角小目一三五，星三三和双三三，
同型小目错小目，宇宙流和对角星，
小林流和星小目，各型特点要熟记。
布局掌握三原则，空守挂角是次序，

再占急所与大场，借势开拆是大棋。

选用定式看全局，上下左右搭配齐；

自己已活可脱先，抢占要点别犹豫。

看准敌弱要搜根，迫敌走成飘浮棋；

挂星被夹点三三，弃子活角两有利。

弃角取势争模样，飞封定式要熟记；

无忧角上两路托，试探应手是真意。

敌强欲削宜浅侵，进退有路方为宜；

自己断点常记心，适时护断别忘记。

先活自己再杀敌，一味贪杀反被欺；

两块活棋不必断，友邻浮子要联系。

断后敌孤定要断，该断不断勿成棋；

冲断扭断反打断，挖断跨断寻战机。

立断劫断打入断；围歼孤棋反眼挤；

莫往攻击目标碰，宽攻大围收渔利。

逢碰必扳敢作战，有时连扳妙无比；

开劫先要看劫材，棋补无劫要注意。

打两还一巧妙用；当心硬腿硬出奇；

一只大眼要分清，是死是活规律记。

长三曲三可点杀；长四曲四是活棋；

花四五六可点杀；方四不点也死棋；

刀五一点当然死；普通板六是活棋；

大猪嘴是扳点死；小猪嘴是劫活棋；

盘角曲四劫尽亡；碰角板六看外气；

角上板八能双活；断头曲四是死棋。

围敌一块拟杀棋，思考方法要牢记；

扳杀点杀扳点杀，迫敌走成撞紧气。

再想造劫做劫杀，有时双活也便宜；

要是条件勿成熟，切勿乱动等时机。
三三肩冲要注意，已边长来敌方飞；
四四遇托需连扳，弃取定要想仔细。
攻角须从宽处理；天王山是必争地；
多子围空方胜扁；两翼张开形美丽。
小目飞挂一间夹，高夹低夹有分歧，
低夹飞压多两分，高夹关或反向飞。
压退定式虽可走，抱吃一子稍不利；
也可托角求安定，略有委曲还可以。
小目高挂二间夹，巧用妖刀很严厉；
对付妖刀有六法，最为常见是大飞；
大跳小跳是正着，一般不宜用小飞；
外侧靠是可以走，内侧靠是小不利。
方朔偷桃一路尖；塞不进是最惹气；
龟不出头要挖打；巧妙利用接不归。
勿打有变及时打，两打勿打等时机，
切莫凑着帮围空，切莫凑着帮补棋。
小目高挂选定式，低夹外靠托退飞；
雪崩内拐外里外，镇消无忧是好棋。
虎口遇扳常单退，虎口遇打常滚打，
虎口切断常虚跳，仙鹤伸腿能联系。
棋向中腹争阳面，两番收腹成效低；
下子要避车后压，棋高一路力无比。
棋逢难处小尖尖；不好走处不走棋；
敌之要点我要占，常替敌棋多考虑。
敌棋乱舞避其锋，我补厚实敌变弱；
穿过象眼要注意，穿忌两行飞为宜。
三路挖出先看征，两子必长别忘记；

三路腾挪常碰撞，弃子发威能得利。
围棋四角顶有趣，生生死死变化奇；
拨钉子里有秤砣；老鼠偷油真有趣；
棋逢断处巧能生，下子先后讲次序；
两壹路上多妙手，托夹扑劫尖挖聚。
防闷成形宜单跳；两子成形斜飞利；
四路被断常虚跳；台象生根点胜托；
矩形护断虎输飞；一团气促鼻顶宜；
不能用征可半枷，送佛归殿送到底。

围棋战术要诀

布局要诀

布局先建根据地，金角银边草肚皮，
急所大场须先抢，定式选择巧设计。
平衡呼应宽行棋，高低疏密要适宜，
地势两分求安定，攻防结合形立体。
分投侵消见机行，模样消长棋必争，
拆逼方位要选对，出头封头有常形。
步调轻灵防滞重，莫贪假利除他病，
判明形势谋大处，全局在胸定成功。

棋形要诀

凝形子聚团，裂形分两边。愚形空三角，斗笠形难看。
棍子紧相连，恶手刺双关。重复废子多，低效棋形扁。

见方必先点，补方形美观。单跳易成形，梅钵棋形坚。
尖关无恶手，二子头必扳。遇刺接则俗，分投要逼拦。
逢尖可用压，逢压多用扳。逢扳常退守，逢挡有脱先。
龟甲威力大，大飞形善变。一间跳后鼓，二子长稳健。
硬腿象步猴子脸，单关胜长且路宽。
立二拆三三拆四，小飞头畅避连扳。
并二腹中堪大跳，三子正中是要点。
直行三子路则改，棋逢难处走小尖。
棋被切断常虚跳，四四遇托需连扳。
对方气紧宜鼻顶，单双形见定靠单。
两关相对刺俗手，互关兼镇是要点。
矩形护断虎输飞，局定地足要飞边。

棋理要诀

敌之要点我要点，弃子取势重大局。
棋要出头莫被封，出头入腹争正面。
敌众我寡入界缓，局部应对须谨慎。
阴虎扁输阳虎畅，先中后输后中先。
两打同情两不打，棋断哪边吃哪边。
两处有情方可断，曲尺之形冲断难。
两压压强不压弱，两生勿断活勿连。
遇碰则扳扳则长，扭十字须长一边。
两子斜飞易成形，左右同形适其中。
两番收腹成犹小，左右无孤势即空。
我厚彼薄要逼攻，浅消模样多肩冲。
彼此相持勿急走，彼此均先路必争。
双方有孤头先出，三方无应莫存孤。
补棋当争一着净，虚实不补实虚补。

中腹开花三十目，七子沿边活也输。

精华已竭多堪弃，劳逸攸关少亦图。

棋拐一头，力大如牛。棋高一路，进退自如。

棋长一尺，无眼自活。棋成一体，无懈可击。

警句要诀

穿象眼，忌两行；应跨断，忌硬冲；近厚势，忌行棋；

无外势，忌被封；形漏风，忌围空；制孤棋，忌强攻。

单关被拦，尖顶俗手。无忧两拦，防靠四三。

孤子欲走，勿伤左右。

弱子渡连，强托危险。两处可攻，先补后动。

两处子弱，阻其连通。

能跨必跨，切莫俗冲。软头须挺，防扳好形。

能否征子看六线；断子难征需用枷；小飞切记防跨断。

虎有弹性易活棋；提劫之后不忙粘；

为防滚打休呆立；滚打要害是卡眼。

虎口被打不宜粘；小尖双关不能断；

防闷成形须单跳；斜三自补保平安。

二路小尖防夹打；拆三遇拦已不安；

台象生根点胜托；倚盖点角飞胜扳。

点入三三要慎行；二一棋路妙手生；

二线小飞托可防；三路弃子需多送。

行棋次序莫看轻；棋应不好暂不应；

托断腾挪变化多；变化复杂求简明。

攻防要诀

战略意图明，战术运用精。攻防算路准，要点抢先争。

棋从断处生，逢断护棋形。棋实则难破，棋虚则易攻。

攻彼须顾我，势厚可强攻。防守要积极，自补胜强攻。
强外先攻内，击西先声东。变化应保留，余味要看清。
攻击常用飞，出逃走单关。张弛细把握，着子要连贯。
自补易活棋，杀棋须破眼。棋筋不可失，废子莫贪恋。
治孤观全盘，取舍细判断。逃活两选择，弃子求转换。
吃棋要慎重，攻击宜缠绕。攻逼占实地，获利是关键。

手筋要诀

老鼠偷油一路点；龟不出头挖是筋；
金鸡独立胀死牛；软征一招佛归殿。
黄莺扑蝶有妙手；追杀秤砣棋连贯；
滚打包收接不归；以挖还挖解疑难。
征子聚杀长立断；扭断做劫扑跳点；
二子反扳可连扳；巧手盘渡在底线。
倒扑反打跨夹扳；脱骨托挤曲挖尖；
弃取腾挪常碰靠；利用残子施手段。

对杀要诀

对杀多手段，出招靠判断。眼位是要点，气长是关键。
比气要细算，气同必争先。气少须延气，气多暂不管。
双方棋无眼，公气助弱边。有眼杀无眼，公气不可占。
内气勿自填，外气先紧完。公气最后紧，提劫不忙粘。
缩地莫迟缓，围住一着点。破坏小眼形，聚杀一只眼。
大眼杀小眼，长气杀有眼。双活靠公气，气长杀气短。

收官要诀

大局已定细收官，收空破目抢角边。
算清目数明顺序，择大先收是关键。

双先单先逆手官，双后双官单官填。

随手俗手自受损，脱先夺目看全盘。

小飞小尖二路托，先手扳粘在边线。

不可放过先手立，算清价值后手扳。

仙鹤伸腿跳爬点，靠夹断扑藏手段。

单官目微最后打，单官无目至终盘。

打劫要诀

劫争有大小，做劫细推敲。劫材定成败，双方先比较。

劫材运用好，次序最重要，先用本身劫，再按价值找。

无劫在初棋，遇劫要先提，抛劫争胜负，单劫价值低。

造劫先手利，应劫须仔细，损劫不可找，粘劫看时机。

紧气劫勿松，缓气劫慎重，无忧劫不输，赖皮劫不赢。

两手劫轻灵，连环劫强硬，万年劫缓打，生死劫必争。

PART 8 裁判标准

围棋胜负的计算

（1）围棋的正式比赛采用黑棋贴子制度。中国围棋协会 2002 年版《围棋竞赛规则》中规定：终盘计算胜负时，黑方应贴还白方三又四分之三子。以黑方为例：若黑方总共得 185 子，则黑胜四分之三子（1.5 目）；得 184.5 子则黑胜四分之一子（0.5），得 184 子，则黑负四分之一子（0.5 目）。

（2）在包干限时比赛中，若一方超时，另一方为胜。

（3）在让先对局中，由棋力略低的一方执黑先行，黑方不贴子，终局计算胜负时，以双方各占 180.5 子为和棋，超出方为胜。

（4）在让子棋对局中，黑方通常应贴还白方让子数的二分之一。例如：让二子局，黑方应贴还白方一子，终盘黑得 181.5 子为和棋，超出为胜，不足为负。让三子局，黑方应贴还一又二分之一子，若得 182 子为和棋，超出为胜，不足为负。

围棋段位

围棋的水平用段位来描述。中国的围棋段位分为业余段位和国家专业段位两种。其中业余段位为 1 段到 7 段，专业段位从低到高依次是专业初段、专业二段……专业八段、专业九段。

业余段位

业余段位分为级和段两个阶段。水平从低到高依次是：32 级、31级……2 级、1 级、业余 1 段、业余 2 段……业余 7 段等段格。一般而言，相临两个段格的水平差距是一个子，例如业余 2 段与业余 6 段之间就差了 3 到 4 个子左右的水平。注意：业余段位的标注是阿拉伯数字。

1. 业余段位的获得

想成为业余 1 段至业余 5 段，只要参加区县级体育部门组织的升段比赛，并在一定的组别中获得一定胜率就可以得到。获得业余 6 段和业余 7 段则难得多。业余 6 段的获得者必须是参加省市乃至全国性业余围棋比赛并获得前 6 名的业余棋手，这些棋手的水平明显强于标准的业余5 段；而业余 7 段的获得者则必须是参加国际性业余围棋比赛并获得前3 名。

从普遍的情况来看，业余 6 段和业余 7 段的业余棋手，都具有相当于中低段专业棋手的水平，或者根本就是退役的专业棋手。

2. 业余段位证书

业余段位中，"级"一般没有证书也几乎不需要证书，"段"有段位证书。

段位证书的授予：业余 1 段到业余 5 段的段位证书，由地方棋院和相同级别的体育管理部门授予。

业余 6 段和业余 7 段的段位证书，由国家体育总局委派中国棋院授予；也有少部分已退役的专业棋手，平时以业余 6 段的身份参加各种业余比赛，这也是被允许和被接受的。

专业段位

1. 段位台阶

专业段位从低到高依次是专业初段、专业二段……专业八段、专业九段。注意：专业段位的标注是汉字。

中国的专业段位均由国家授予。每年中国棋院都统一组织一次国家专业段位升段比赛，这是围棋界的高考。

2. 升段赛报名要求

水平：业余 5 段（含）以上。

年龄：25 岁以下。

录取名额：不管多少棋手报名参赛，每年能够成为专业棋手的名额只有 20 个，其中男 15 人，女 5 人。

最近几年报名的人数基本在 400 人左右，水平基本都是业余 5 段和业余 6 段的孩子，录取的比例是 1：20，可见竞争还是很激烈的。

3. 专业棋手概述

（1）专业棋手之间的水平差异。

专业棋手之间的水平差异远比业余棋手之间要小，比如，专业六段只能让专业二段一先甚至在比赛中要分先，而业余 6 段可以让业余 2 段 3 到 4 个子。因此，专业棋手之间尽管段位有一定差距，但水平差距并不大。

（2）专业棋手和业余棋手之间的水平差异。

可以大致这样理解：专业九段让业余 5 段四到五个子；专业初段比业余 5 段的水平好一些，和业余 6 段的水平大致相当。

各国（地区）升段制对照表

	中国棋院 02年2月暂行	日本棋院 03年4月新制	关西棋院 05年1月新制	韩国棋院 03年1月新制	中国台湾棋院 06年5月新制
直升					
直升九段	国际赛冠军1次 国际赛亚军2次	棋圣、名人、本因坊1次 国际赛冠军1次 十段、天元、王座、碁圣共2次			国际赛晋级决赛
直升八段		十段、天元、王座、碁圣1次 棋圣、名人、本因坊挑战者1次 国际赛亚军1次			国际赛四强
直升七段	中韩天元、中韩新人王、中日阿含桐山杯等双边对抗冠军1次	十段、天元、王座、碁圣挑战者1次 棋圣、名人、本因坊循环圈1次 龙星战、阿含桐山杯冠军1次	NHK杯、新人王战、关西棋院第一位战冠军1次		天元、国手、王座冠军1次；国际赛八强
直升六段	女子国际赛（慢棋）冠军				三星杯、LG杯晋级本战
直升五段	女子国际赛（快棋）冠军				中环杯、东钢杯、新人王赛、CMC杯冠军1次
直升初段	全国个人赛女子组前三名			世界业余赛冠军	

续表

	中国棋院 02 年 2 月暂行	日本棋院 03 年 4 月新制	关西棋院 05 年 1 月新制	韩国棋院 03 年 1 月新制	中国台湾棋院 06 年 5 月新制
跳升					
三段				国际赛冠军 1 次	
二段				奖金前三棋战 冠军 1 次	
一段				国际赛亚军 1 次 奖金前三棋战 亚军 1 次 奖金四至十 冠军 1 次 国际女流 冠军 1 次	
胜局数					
八→ 九段		200			120
七→ 八段		150			110
六→ 七段		120			100
五→ 六段		90			70
四→ 五段		70			60
三→ 四段		50			50
二→ 三段		40			30
初→ 二段		30			20

	中国棋院 02 年 2 月暂行	日本棋院 03 年 4 月新制	关西棋院 05 年 1 月新制	韩国棋院 03 年 1 月新制	中国台湾棋院 06 年 5 月新制
年度奖金排名					
六→ 七段		第 1 名			
五→ 六段		前 2 名			
四→ 五段		前 2 名	第 1 名		
三→ 四段		前 2 名	第 1 名		
二→ 三段		前 2 名	第 1 名		
初→ 二段		前 2 名	第 1 名		

PART 9 赛事组织

世界围棋大赛

春兰杯世界职业围棋锦标赛

春兰杯世界职业围棋锦标赛，是目前为止唯一一项由中国内地出资主办的世界职业围棋大赛。与日本主办的富士通杯、丰田杯，韩国主办的 LG 杯、三星杯，中国台北主办的应氏杯并称为世界职业围棋六大杯赛。

春兰杯高 30cm，直径 30cm，杯的主体为"仰韶陶器"模型。仰韶文化已有七千余年历史，是中华文明的象征之一。围棋也有同样悠久的历史，是中国的国粹，寓意"历史悠久"、"源远流长"。春兰杯的设计贯彻中国古典哲学"大智若愚、大巧若拙"的思想，杯身的造型为大肚圆形，古朴庄重，高贵雍容，显示出了"博大胸怀"和"朴实本色"，含有"大气磅礴"、"厚重沉稳"、"包容兼蓄"之意。圆形陶器肚上用春兰"CL"标识组成图案，图案后是经纬线组成的变形围棋棋盘，与地球仪相似，寓意"走向世界的春兰"、"世界级的围棋大赛"。

春兰杯上部为圆形，下部为方形，与中国古代"天圆地方"的学说吻合。左右两耳是黑、白围棋子造型，黑、白意为"阴"、"阳"。杯上 24K"金"字，红木底座，陶器是盛"水"器皿，红色为"火"色，陶以"土"为本,"金木水火土"阴阳五行隐藏其中,吻合围棋变化无穷、玄妙深奥之道。春兰杯由当代陶艺名家、高级工艺师邱玉林先生亲手制作。春兰杯文化底蕴深厚,格调高雅大方,内涵凝重深沉,具有鲜明的民族风格,强烈的艺术色彩,堪称中华艺术宝库中不可多得的精品。

图春兰杯

举办周期:春兰杯诞生于 1998 年,创办初期每年举办一次;自 2000 年以后每 2 年举办一次。同时也是中国最有分量的围棋赛事之一。

1. 参赛方式

上届前三名共 3 名,中国 8 名,日本 5 名,韩国 4 名,中华台北 2 名(中国围棋会与台湾棋院联合选拔),北美 1 名,欧洲 1 名。

2. 赛制

24 名棋士,采单淘汰制,决赛三番棋,四强败者加赛决出第三名。首轮八人轮空,轮空名额依上届八强分配。

3. 比赛规则

采中国棋规,黑方还 3 又 3/4 子(相当于贴 7 目半)。

用时:每方限时 3 小时,读秒 1 分 5 次

决赛三番棋。

4. 奖金(对局费)

冠军:150000 美元

亚军:50000 美元

季军:30000 美元

殿军:15000 美元

八强：7000 美元

16 强：4000 美元

24 强：2000 美元

富士通杯世界围棋锦标赛

"富士通杯"世界围棋锦标赛是第一个为职业棋手举办的世界大赛。该赛事由日本读卖新闻社、日本棋院和关西棋院联合主办，日本富士通股份有限公司独家赞助。日本文部省和日本电视播送网为后援单位。冠军奖金为 1500 万日元。

比赛采用日本围棋规则，每方限时 3 小时，保留 10 分钟读秒的延时制。比赛为单败淘汰制。五轮比赛分四次赛完，比赛轮流在中国和韩国举行，半决赛在日本大阪，决赛回到东京。这一传统赛事，不仅受到棋手的重视，也深受爱好者的欢迎。

富士通杯是历史最悠久的世界大赛，为围棋在世界的发展普及起到了最重要的作用。富士通杯创办于 1988 年，当年中华台北的实业家应昌期已准备创办应氏杯，而那时在世界围棋界中领先的是日本，为了"围棋养母"的身份，抢先推出了富士通杯，比应氏杯早了几个月，成为第一个世界围棋大赛。近年来，由于世界经济不景气，富士通公司受到影响，富士通杯将停办的消息就一直在中日韩棋界间流传。而日本棋手十几年未能夺冠的成绩，也是富士通公司选择离开的重要原因之一。

最终第 24 届富士通杯延期在 2011 年 8 月开赛，赛制却发生极大变化：从第一轮到决赛一口气下完，连续进行 5 天，这不仅与日本围棋文化传统不符，在世界棋战也绝无仅有。也许这匆忙的第 24 届，已经是富士通公司勉力而为了。日本棋手曾在前五届中连续在富士通杯中称雄，但近 20 年来他们在本土举办的这项赛事中只拿过 1 次冠军。更有甚者，近几年来他们别说夺冠，连进四强都是鲜有之事，面子挂不住是绝对的！韩国是最大赢家，共得了其中的 6 冠，另外 3 冠则被中国棋手所得。世界棋坛历史最悠久的世界围棋大赛富士通杯在举办 24 届后，终成绝唱。2011 年 12 月 19 日，中国棋院外事部收到日本棋院正式公函，通报富士通杯停办的决定。

应氏杯世界职业围棋锦标赛

应氏杯世界职业围棋锦标赛是由中国台湾实业家应昌期于 1987 年创办的世界职业围棋个人大赛。首届比赛始于 1988 年，每四年进行一届。前七届比赛的冠军分别是：曹薰铉、徐奉洙、刘昌赫、李昌镐、常昊、崔哲瀚、范廷钰。

应氏杯效法奥林匹克运动会，四年举办一次，截至 2013 年已经举办七届。首届参赛选手 16 名，第二届起 24 名，选手代表所属国家参赛。应氏杯是当今世界奖金最高的职业围棋赛，冠军奖金 40 万美元，亚军奖金 10 万美元，被围棋界称为世界棋坛的"奥运会"。

应氏杯世界职业围棋锦标赛判断胜负时采用应氏计点制围棋规则。应昌期先生从小爱下围棋，一生嗜棋如命。1973 年起，应昌期先生为了围棋规则的统一，开始了对围棋规则孜孜不倦的研究，并创立了一套独特的《应氏棋规》。

应氏规则中使用的填满计点，双方需要使用特制的棋具，黑白双方各 180 个棋子，下完后把己方的死子填入己方空内，棋盒内所剩棋子也填入己方空内。如果空填满了还有子，就填入对方空内。填不满的一方为赢，空内一个对方的子算 2 点，一个空格算 1 点。若有 3 个对方的子和一个空格，就算赢 7 点。

第七届应氏杯于 2012 年 5 月 22 日在台北开幕，2013 年 3 月 6 日在上海闭幕。参赛人数 24 名，其中古力、朴文垚、江维杰、张栩、赵治勋、崔哲瀚、李昌镐、李世石八位为种子选手，非种子选手中国队 7 人（刘星、孔杰、陈耀烨、邱峻、檀啸、谢赫、范廷钰），日本队 3 人（高尾绅路、羽根直树、结城聪），韩国队 3 人（朴廷桓、元晟溱、金志锡），中华台北队 1 人（王元均），北美 1 人（杨慧人），欧洲 1 人（卡塔林）。

第七届应氏杯冠军是中国的范廷钰。

三星财产杯世界围棋大师赛

三星财产杯世界围棋大师赛，简称"三星杯"，是主要的国际性围棋赛事之一，创办于1996年，韩文原称"三星火灾杯"；因韩国汉字用语不易让中国人理解赞助商，在2007年正式改称"三星保险杯"。由韩国《中央日报》、韩国放送公社、韩国棋院主办，韩国三星火灾海上保险株式会社赞助。从第15届开始更名为"三星财产杯"。

1. 参赛方式

16名种子棋士直接进入本赛：

上届进入四强4名；

总排名前四名（若和上届四强重复则依序递补）；

韩国3名，日本2名，中国2名，主办方推荐1名。

各国棋手自由报名参加预选赛，决出16名棋手进入本赛。

2. 赛制

本赛共32名棋手，采单淘汰制。

准决赛及决赛采用三番棋决战。

比赛采韩国棋规为，黑方贴目6目半。

用时：每方限时2小时，读秒1分5次

3. 奖金及对局费（韩元）

赛事奖金规模号称12亿韩元。

冠军：奖金2亿冠军奖金，第17届增至3亿韩元；

亚军：奖金5000万，第17届由7千万韩元增至1亿韩元；

四强：2400万；

八强：1200万；

16强：600万；

32强：300万；

预选出线：200万；

预决败者：150 万；

预四败者：100 万；

预三败者：60 万；

预二败者：30 万。

LG 杯世界棋王战

LG 杯世界棋王战是围棋主要国际赛事之一，在每年一届的国际围棋大赛中，冠军奖金最高。LG 杯的前身为韩国国内赛事棋王战，由韩国《朝鲜日报》主办，LG 集团赞助。1996 年，主办单位有感于围棋国际化的趋势，创立了 LG 杯世界棋王战。

1. 比赛规则

每方限时 3 小时，读秒 1 分 5 次

贴目规则：黑贴 6 目半

比赛方式：复赛首轮 32 名棋手，实行淘汰赛制，冠亚军决赛实施五番棋，从第 11 届起改为三番棋。

2. 参赛名额

韩国棋院 5 名，中国棋院 4 名，日本棋院 4 名，中国台北 1 名，上届冠亚军。另外 16 个名额 通过大规模的公开预选赛产生。

3. 奖金及对局费（韩元）

冠军：奖金 2.5 亿，第 18 届改为 3 亿；

亚军：奖金 8000 万，第 18 届改为 1 亿；

四强：2400 万，第 18 届改为 2600 万；

八强：1200 万，第 18 届改为 1400 万；

16 强：600 万，第 18 届改为 700 万；

32 强：300 万，第 18 届改为 400 万；

预选出线：200 万；

预决败者：150 万；

预四败者：100 万；

预三败者：60 万；

预二败者：30 万；

预一败者：20 万。

BC 信用卡杯世界围棋公开赛

BC 信用卡杯世界围棋公开赛，是世界围棋大赛富士通杯、三星杯、LG 杯、应氏杯、春兰杯和丰田杯等世界六大杯赛之后的又一个重大赛事。

2009 年 1 月 22 日，第一届 BC 信用卡杯世界围棋公开赛在韩国首尔举行了签约仪式。

BC 信用卡杯世界围棋公开赛是真正的奖金制棋战。此前的赛事，职业棋手无论输赢都能领取"比赛费"，而 BC 信用卡杯世界围棋公开赛则取消了长期以来职业棋手熟悉的"对局费"。所有参赛棋手，不管是预赛还是本赛，一切费用全程自理，仅为前 64 名棋手提供奖金，是全世界首个真正实行奖金制的围棋赛事。棋战向世界上所有国家和地区的职业、业余棋手开放。

1. 赛程规则

预选赛：

第 1 轮网络预选赛（选拔 64 名）

第 2 轮网络预选赛（选拔 20 名）

综合预选赛（选择 54 名本赛棋手）

本赛：

64 强战—32 强战—16 强战—8 强战—半决赛—决赛

决赛五番棋，采用韩国围棋规则。

2. 比赛奖金

本赛 64 强　奖金：300 万韩元；

本赛 32 强　奖金：600 万韩元；

本赛 16 强　奖金：1000 万韩元；

本赛 8 强　　奖金：1700 万韩元；

半决赛　　　奖金：3000 万韩元；

亚军　　　　奖金：1 亿韩元；

冠军　　　　奖金：3 亿韩元。

世界业余围棋锦标赛

世界业余围棋锦标赛，是最早举办的世界性围棋比赛。1979 年由日本棋院、日本航空公司在日本东京举办，有亚洲、欧洲、大洋洲、南美洲、北美洲的十五个国家或地区的业余棋手参加。此后每年一届，规模不断扩大。至第六届时，改由国际围棋联盟主持，除原主办单位外，还增加日本关西棋院协助。

2003 年因为 SARS 的影响而停办一届。该赛事规定参赛的每个国家和地区围棋协会只能派 1 位代表参加比赛，赛制采用瑞士制。2007 年的比赛共有 68 个协会的 68 位选手参加，比赛共进行八轮。冠军可以获得日本棋院颁发的业余 8 段证书。

在迄今为止的 33 届比赛中，中国代表获得 19 个冠军，日本代表获得 8 个冠军，韩国代表获得 5 个冠军，中国香港代表获得过 1 个冠军。中国棋手成绩最好的主要原因之一，是因为在 1991 年之前，中国围棋尚未职业化，参赛的选手实际上都是以业余身份参赛的专业棋手（共 9 人次）。

比赛规则

前五届采用淘汰制，第六届开始采用积分编排制。每天上下午各下一局。每方限时一小时半，黑先贴白方五目半。

百灵爱透杯世界围棋公开赛

"百灵爱透杯"世界围棋公开赛由国际围棋联盟和贵州省人民政府主办，中国围棋协会和贵州省体育局承办，日本棋院和韩国棋院协办，贵州百灵企业集团独家冠名赞助。是中国举办的水准最高、规模最大的世界围棋赛事。第一届比赛在 2012 年举行。这是继"春兰杯"后第二个由中国内地出资主办的世界职业围棋大赛。"百灵爱透杯"与"三星杯"、"BC 信用卡杯"一样采用了"公开"赛制。

1. 比赛规则

用时：每方 2 小时 45 分钟，保留 5 次 1 分钟读秒；

综合预选：采用分组单败淘汰制；

本赛 64 强至 4 强的比赛采用单败淘汰；

半决赛采用三番棋；

决赛采用五番棋。

2. 奖金分配

总奖金 480 万人民币。

64 强败者获得 2 万元人民币；

32 强败者获得 3 万元人民币；

16 强败者获得 6 万元人民币；

8 强败者获得 10 万元人民币；

半决赛败者获得 20 万元人民币；

亚军获得 60 万元人民币；

冠军获得 180 万元人民币；

第一届百灵爱透杯世界围棋公开赛于 2012 年 3 月开幕，本赛 64 强战到 8 强战采用单败淘汰制于北京进行，半决赛和决赛将分别在贵阳进行三番棋和五番棋的争夺。整个赛事总共分 5 个阶段进行，分别是业余网选、综合预选（3 月 9 - 12 日）、本赛 64 强赛（3 月 14 日）、32 强赛至 8 强赛（8 月 19 日——8 月 23 日）、半决赛、决赛。

2012 年 8 月 23 日第一届百灵爱透杯四分之一决赛结束，晋级四强的棋手分别是中国的陈耀烨、周睿羊、唐韦星、谢尔豪。

2013 年 1 月 19 日，首届"百灵爱透杯"世界围棋公开赛在贵州黄果树屯堡酒店落下帷幕。最终，21 岁的周睿羊五段 3∶0 完胜陈耀烨九段，获得个人职业生涯首个世界冠军头衔，捧得 180 万冠军奖金（税前）。获得职业生涯首个世界冠军，周睿羊也将自己的名字与前八位世界冠军马晓春、俞斌、古力、罗洗河、常昊、孔杰、朴文垚、江维杰一起写进中国围棋的史册。

第二届百灵杯世界围棋公开赛将于 2014 年举行。

亚洲杯电视围棋快棋赛

亚洲杯电视围棋快棋赛是现存历史最悠久的国际围棋比赛之一，成立于 1989 年。该项赛事由日本 NHK、韩国 KBS 和中国 CCTV 三家电视台，以及日本棋院、韩国棋院和中国棋院轮流举办。参赛者为当年日本 NHK 杯、韩国 KBS 杯和中国 CCTV 杯的冠亚军，以及上届冠军 7 人。比赛规则规定：30 秒内走一手，另有 10 次共 10 分钟的机动时间，一局在 2 个半小时左右结束。比赛采用单败淘汰制，其中上届冠军直接进入半决赛。

世界围棋巅峰对决

"世界围棋巅峰对决"，是在应氏杯、富士通杯、LG 杯、三星杯、春兰杯、丰田杯六大围棋比赛的基础上打造的一项全新赛事，只有获得这六项世界围棋大赛冠军的棋手才有资格被邀进行对决。赛事每两年举办一届，一盘定胜负，采用中国围棋规则，执黑一方贴 3 又 3/4 子，为配合电视转播的需要，比赛用时为每方 50 分钟，超时即判负。前四届都在湖南省湘西自治州凤凰县举行，2011 年求新求变，赛事移师怀化市洪江区举行。

世界围棋巅峰对决由中国棋院、中国围棋协会主办，凤凰古城旅游有限责任公司等单位承办，其宗旨是：结合特定的表现手法，用全新的方式演绎有几千年历史的围棋，赋予其新的内涵，注入新的生机，以此推动围棋文化艺术的普及与发展。

在最初第 1 届比赛进行之时，赛事标准名称为"2003 南方长城中韩围棋邀请赛"，当时的常昊尚未取得围棋世界冠军，因此比赛用了邀请赛的名义。2005 年后，随着中国围棋的爆发，常昊、罗洗河、古力、孔杰等越来越多的棋手取得了世界冠军，比赛名称遂进一步提升档次，改为世界围棋巅峰对决。沿前两届比赛的顺序，2007 年的比赛为第 3 届，从此赛事标准称法为："xx 年（冠名）第 x 届世界围棋巅峰对决"。比赛邀请的棋手从第 2 届开始限定在 6 大世界围棋赛冠军内，随着 BC 信用卡杯和百灵杯的开办，新的冠军也将可以被邀请参赛。

丰田杯世界围棋王座战

丰田杯世界围棋王座战，简称丰田杯。两年一届，由日本棋院主办，丰田株式会社及其关系企业丹索株式会社共同赞助。

2009 年，丰田杯世界围棋王座战因赞助商经济危机停办。

1. 比赛规则

实行淘汰赛，决赛三番棋。

比赛规则每方自由时间 3 小时，10 分钟读秒，黑棋贴 6 目半。采日本规则，黑方贴六目半。

2. 参赛选手

参赛名额：32 名

包括：

上届四强；

日本 10 名；

韩国 7 名；

中国 7 名；

台湾（台湾棋院）1 名；

欧州 3 人；

北美 2 人；

南美 1 人；

其他 3 人（亚洲其他/非洲/大洋洲）。

3. 比赛奖金

冠军：3000 万日元；

亚军：1000 万日元；

第三（并列）：500 万日元。

正官庄杯世界女子围棋锦标赛

正官庄杯世界女子围棋锦标赛是世界女子围棋的一项具有较大影响力的赛事，由韩国围棋电视台主办，韩国人参公司赞助。2002 年开办，前两届比赛为个人赛，从 2004 年第三届正官庄杯开始，此项比赛正式改为世界女子团体锦标赛即中、日、韩三国女子围棋擂台赛的形式。

比赛规则：每方 1 小时，40 秒读秒 3 次。

比赛奖金：

个人赛（第 1、2 届）：冠军奖金 3000 万韩元，亚军奖金 1500 万韩元。

擂台赛：冠军 7500 万韩元，亚军 1500 万韩元，三连胜奖十支装地参 1 盒（约 170 万韩元），四连胜奖十支装地参 2 盒，五连胜奖十支装天参 1 盒，六连胜奖十支装天参 2 盒。

2011 年第九届擂台赛举办后，正官庄杯停办。

NEC 杯围棋赛

NEC 杯，由中国围棋协会和日本 NEC 公司主办的围棋赛。已在上海、北京、武汉、天津、广州、西安、成都、桂林、沈阳、长春、昆明、郑州、杭州、重庆、南京、哈尔滨、青岛、厦门、贵阳、兰州、合肥、大连、济南、呼和浩特、福州、南宁、乌鲁木齐、苏州、深圳、南昌等 30 个城市举办。受金融风暴的影响于 2009 年停办。

1. 比赛规则

NEC 杯赛采用中国围棋规则，时限：每方 10 次保留时间，用完后 30 秒一步读秒。

2. 比赛奖金

冠军 20 万人民币，亚军 12 万人民币。

中国围棋赛

中国围棋赛一览

杯赛	倡棋杯	阿含桐山杯	理光杯	烂柯杯
	中信银行杯	龙星战	威孚房开杯	
头衔赛	天元赛	名人赛		
限制赛	新人王战	西南王战	理光新秀赛	理光双混赛
	富士通 U15	女子建桥杯	女子百灵杯	女子精英赛
	女子新人王			
团体赛	甲级联赛	乙级联赛	丙级联赛	女子团体赛
体育赛	全国个人赛	全国定段赛		
业余赛	晚报杯	黄河杯	晚报杯职业业余对抗	
已停办赛	新体育杯	乐百氏杯	棋王战	棋圣战
	NEC 新秀赛	NEC 杯	霸王战	蜻蜓杯
	元老战	库尔勒杯	圣雪绒杯	友情杯
	霸王赛	精英战	五牛杯	十强战
	大国手战	女子名人赛	全国女子职业赛	全国体育大会
	永达杯			

中国围棋天元赛

中国围棋天元赛是中国的一项传统围棋头衔赛，创办于 1987 年，也是目前除中国围棋名人战外国内仅存的挑战赛制的围棋比赛。现时由中国棋院、新民晚报社和苏州市吴江区同里镇人民政府主办。挑战赛冠军奖金为 15 万元人民币，亚军为 7.5 万元，挑战赛决赛为三番棋赛制，采用 2002 年新版中国围棋规则，黑棋贴 3 又 3/4 子，每方用时为 2 小时 45 分钟，保留 5 次 1 分钟读秒。本赛为 32 名棋手单败淘汰制，其中以上届前八名、上年度世界围棋大赛冠亚军、国内赛冠军、等级分前列者共 16 名棋手为种子。原采用 5 局 3 胜制，2002 年后采用 3 局 2 胜制。冠军将参加中日天元对抗赛（已停办）和中韩天元对抗赛。

中国围棋名人战

中国围棋名人战是中国历史悠久的一项传统围棋比赛之一，由人民日报和中国围棋协会主办。每年举办一届。第一届名人战于 1988 年举行，之后采用挑战赛制，由预选赛、本赛产生一位挑战者向上届冠军挑战。从第 13 届开始本赛的挑战者决定战采用 3 局 2 胜制。决赛一直采用 5 局 3 胜制。

全国围棋个人赛

全国围棋个人赛是中国一项传统围棋赛事，自 1957 年开始举办，每年一届，采取瑞士制比赛方式，1978 年开始设立女子组比赛。在没有大量新闻棋战和中国围棋甲级联赛的时期，全国围棋个人赛是中国最重要的围棋赛事。今天其重要性虽已下降，但仍是许多年轻选手得以脱颖而出的舞台。近年来男子分为甲组（水平更高）和乙组。

1960 年至 1966 年间两年一届比赛，受"文化大革命"影响，1967 年至 1973 年间无比赛。1976 年因恰逢毛泽东逝世，仅举行预赛，未举行决赛。

围棋段位赛

围棋段位赛是围棋界举行的一种围棋选手的升段比赛，一般每年举行一次，具体的赛程和规则各国有所不同，但目的是一样的，就是围棋选手通过参加这种比赛，可以得到与自己实力相当的段位，低段位的选手可以通过这种比赛升到高段位，段位赛并不是围棋选手得到段位或升段的唯一途径，如果选手在参加重大国际比赛的时候取得了优异成绩，相关的围棋职能部门也会根据选手的成绩给予一定的段位或升段。在围棋界普遍采用九段制，也有十段的，但那是一种荣誉称号，并不是实际的段位。

中国围棋甲级联赛

除了第一年只有一轮之外，以后的每届比赛都有两轮22场，每个俱乐部可以派出6名队员之中的4名参赛。队员并不限于中国棋院所属棋手，大量韩日外援现身于甲级甚至乙级联赛。

每场比赛双方主将相遇，另设定一局快棋。

比赛计分办法：比赛每场胜一局得2分，负一局得0分。局分高者场分记3分，局分少者得0分，局分相同时，则主将胜方场分得2分；负方得1分。

名次计算：场分多者名次列前，场分相同比较局分，局分相同比较主将胜率，再相同则比较各队第一胜率（出场15场以上者）高者名次列前，依次比较直至比出名次。

甲级联赛的最后两名降入中国围棋乙级联赛，乙级联赛前两名升入甲级联赛。2006年起，联赛冠军和韩国的联赛冠军有一场冠军赛。

倡棋杯中国围棋职业锦标赛

倡棋杯中国围棋职业锦标赛，是一项中国国内的围棋比赛，由中国围棋协会和上海应昌期围棋教育基金会联合主办。倡棋杯创立于2004年，每年举行一届，固定于10月23日开赛，以纪念为围棋运动做出卓越贡献的应昌期先生的诞辰。

1. 比赛规则

比赛采用应氏规则

时限：每方基本时限3小时30分，超过基本时限罚两点，延时35

分钟（基本时限的 1/6），以后每罚两点延时 35 分钟，延时超过 1 小时 45 分钟（基时之半）判负

2. 比赛奖金

冠军 40 万人民币，第十届增至 45 万

亚军 10 万人民币

理光杯中国职业围棋锦标赛

理光杯中国职业围棋锦标赛，原名理光杯围棋名手邀请赛，首届比赛于 2000 年 10 月 21 日至 22 日在北京举行。由中国围棋协会和理光（中国）投资有限公司主办，北京金华铭办公设备有限公司承办。

1. 理光杯比赛规则

采用单败淘汰，共 6 轮，等级分前 16 名首轮轮空。

用时：第一时限 60 分钟内需走满 30 手，第二时限 15 分钟走满 20 手，其后同第二时限，上一时限节余可以用于下一时限。

地点：中国棋院。

奖金：冠军 15 万人民币，亚军 6 万人民币

烂柯杯中国围棋冠军赛

烂柯杯全称为衢州"烂柯杯"中国围棋冠军赛，是浙江省体育局、中国围棋协会和衢州市政府 2006 年共同创办的国内高水平职业围棋赛事，每两年一届，是中国围棋协会和中国棋院正式比赛项目，比赛成绩计入棋手等级分。该赛事总奖金达百万人民币，冠军奖金高达 50 万元人民币，亚军 15 万元人民币，到 2012 年，已举办四届。赛事名称来源于衢州古城南的烂柯山，此山以其横空凌云的天生石梁和"王质采樵观弈"的传说闻名，被当地人誉为"围棋仙地"。已成为水平最高、等级最高、奖金最高的国内职业围棋比赛，吸引了全国乃至东亚地区各大媒体及围棋爱好者的关注，产生了极好的社会效应。该赛事的决赛一般安排在拥有烂柯山的衢州进行。

"中信银行杯"中国电视围棋快棋赛

CCTV 杯电视快棋赛，从 2002 年起更名为中国招商银行杯，2012 年起更名为中信银行杯。是一项中国传统围棋赛事，由中国棋院和中国中央电视台联合主办。每年本赛有 64 位棋手参加，采用单败淘汰制，每方 10 次 1 分钟保留时间，用完之后 30 秒一步读秒。该项比赛前两名可以获得亚洲杯电视围棋快棋赛的参赛资格。奖金与对局费（税前）：第 1 轮败者获 1000 元，第 2 轮败者获 2000 元，第 3 轮败者获 4000 元，第 4 轮败者获 8000 元，第 5 轮败者获 16000 元，亚军获 10 万元，冠军获 20 万元人民币。

威孚房开杯中国围棋棋王争霸赛

威孚房开杯（全称：威孚房开杯中国围棋棋王争霸赛）是由中国围棋协会、无锡市人民政府主办，无锡日报报业集团、无锡威孚房屋开发有限公司、北京弈友围棋文化传播公司等单位联合承办的一项国内围棋比赛。每年举办一届。比赛规则 30 秒一步，10 次 1 分钟读秒。前 3 届为邀请赛性质，从第 4 届开始中国围棋协会将这项比赛正式确定为积分赛，比赛成绩记入等级分。从第 3 届开始冠军奖金 5 万元，亚军 3 万元。

PART 10 礼仪规范

围棋礼仪

文明礼貌、举止文雅体现了一个人的基本素质和修养。在人际交往的各种场合，都应该注意自己的言行、举止或者其它方面是否得体，这样才会受到别人的尊重与欢迎。

围棋是一项高雅的艺术和竞技运动，既可以休闲娱乐、锻炼思维，又可以修身养性、陶冶情操。下围棋的人要讲究"棋德"、"棋品"，在棋艺进步的同时，也应该提高自己的精神品格和道德修养。

（1）猜先的礼仪。对局前猜先时，下手方应请上手方抓白子，自己则取出1枚（或2枚）黑子，表示白子若是单数则己方执黑：若是双数己方执白（取2枚则相反）。比赛前的猜先，则应由卫冕者、段位高者、年长者来抓子。

（2）黑棋的第一手应下在右上角。此礼仪来源于日本，黑棋的一手棋如果是占角的话，则应下在右上角，把距离对方右手最近的左上角留给对方，表示对对方的尊敬。

（3）对局前下手方应主动整理棋具。在日本的大比赛、甚至是挑战赛对局前，晚辈、下手方、挑战者都主动用白布擦拭棋盘，以示敬意和学习的态度。

弈　德

（1）参加比赛不应迟到，迟到是对对方很不礼貌的行为。

（2）对局前，双方应握手，或点头示意，以表尊重。

（3）下棋时，坐姿应保持端正、不要歪坐。

（4）思考后手再拿子、不应抓子、翻打或玩弄棋子。

（5）下棋时应轻拿轻放，不应用力拍子。

（6）尽量不要推子。

（7）落子无悔。

（8）对局时不应在席间与他人说话，更不应边评边弈。

（9）对局时不应吃东西，尤其是带响声的食品。

（10）对局时不应有用力敲打折扇、自言自语等干扰对方思考的行为。

（11）对局时应节制吸烟。在目前中、日、韩的职业比赛上，已分别制定了一些禁烟的措施。如赛场内不许吸烟，或如果对手不吸烟，则应该征求对手的意见等。

（12）对方思考时，不应随意离席、走动、或是观看他局。

（13）对局时，对手因故离席，回来时自己有告诉对方棋下在哪里的义务。

（14）"胜固欣然、败亦喜"。局后，双方应复盘研究，切磋棋艺，谦逊待人，增进友谊。胜方切不可沾沾自喜，败方更不应拂袖而去。

（15）局后，双方应收好棋子、整理好棋具方可离席。

（16）不下赌博棋。

PART 11 明星花絮

中国棋圣聂卫平

聂卫平，中国著名围棋高手。1982 年被定为最高段位——九段棋手，是中国围棋史上唯一正式获得"棋圣"殊荣的人。

在"文革"后期恢复国家围棋队后，聂卫平就首选入队，1974 年，第一次战胜日本九段宫本直毅。1975 年聂卫平首次夺得全国个人赛冠军。并在当年连胜来访的日本围棋代表团中的两位九段棋手。其中就有大名鼎鼎的高川秀格。"聂旋风"的雅号开始在日本流传。1976 年中国围棋代表团访日比赛，聂卫平连胜日本的"天元"藤泽秀行，"本因坊"石田芳夫及另四位九段，仅输了一盘。取得七战六胜的辉煌战绩。以此为标志，开始了聂卫平时代。中国队也首次取得了 27 胜 24 负，5 和的出色战绩，日方不得不把今后的比赛升级为"全面对抗"。在 1985 年至 1987 年的前三届中日围棋擂台赛，聂卫平作为中方擂主取得了九连胜的辉煌战绩，连胜三场擂台赛。成为中国家喻户晓的"擂台赛英雄"。聂卫平的围棋生涯达到了光辉的顶峰！为了表彰聂卫平对中国围棋的卓越贡献，中国围棋协会于 1988 年授于他名誉"棋圣"称号。

聂卫平 1952 年 8 月 17 日出生在北京。祖籍河北深县，9 岁时因为经常看父母和外公下棋，在不知不觉当中就学会了围棋。同时无师自通的还有他的弟弟聂继波。兄弟俩学会下棋后经常不分白天黑夜的下，弟弟继波开始水平要比哥哥卫平的水平要高。但是，聂卫平打小就有极强的好胜心，尽管经常输给弟弟，但他屡败屡战，最终超过了弟弟。

聂卫平的父母本来不赞成孩子成为职业棋手，原因是希望孩子成为一名工程师。开始孩子们无师自通学会了下棋二老还很高兴，他们认为下围棋是锻炼孩子们智力的好方式，所以未加阻拦，没想到聂卫平下棋竟然没完没了。有一次因为下棋劳累过度竟休克了过去，这下父母着了慌，他们要求不许聂卫平天天下棋，已经完全痴迷于围棋的聂卫平偷偷摸摸地避着父母下棋，后来因为看日本代表团的访华比赛还逃了学，母亲知道后狠狠地揍了聂卫平一顿，并且禁止他下棋。挨了揍的聂卫平后来再未逃过学，而且学习成绩出众。特别是数学成绩很好，于是父母不再禁止他下棋了。

聂卫平10岁的时候结识了爱下围棋的元帅陈毅，此后经常和陈毅下棋，有一次陈毅下错了想悔棋，聂卫平使劲地按住陈毅的手不许悔棋，他争强好胜的性格让陈毅非常欣赏，经常鼓励他好好下棋，早日"打败日本九段"，聂卫平牢记在心，这成了他奋斗不止的动力和源泉。

聂卫平良好的下棋性格为自己争得了机会，陈毅给他介绍了几位当时的名师。第一位是张福田老师。聂卫平开始拜张福田为师时，下了局让十七子的棋，结果聂卫平还是失败了，这使自以为棋艺很高的聂卫平大为震惊！他没想到还有那么高水平的人！从此以后刻苦学棋，一丝也不敢疏忽、疏懒。有一次聂卫平趁大家都不在的时候偷偷地打开了张老师的提包，正好被张老师瞧见，张老师不动声色，结果看到聂卫平从老师的提包里"偷"出了一本棋书，全神贯注地看了以后，又悄悄地放了进去，他的这一举动，让张老师大为赞赏，一个十岁的孩子学棋有如此"心计"，又是如此刻苦，张老师认为聂卫平日后必成"大器"，从此对他关爱有加。

聂卫平的第二个老师是雷溥华，他给了聂卫平扎实的基本功。

聂卫平的第三个老师是大名鼎鼎的过惕生。过老和雷老教棋，虽然各有个的路数，但在根本点上是一致的。他们都要求聂卫平从基本功练起，一步一个脚印，循序渐进，先学习下"功夫棋"。开始聂卫平对这一套很不适应，他以为自己有了一定的基础，就千方百计地想从老师那里学上几个绝招，老师却执意不肯这样做。雷老师明确告诉聂卫平：下棋好比登山，层层上升，才能"会当凌绝顶"。这里边没有什么绝招。如果一味急于求成，就会造成根基不稳。如果连加减法都不会，怎么能学乘除法呢？

聂卫平是个懂事的孩子，道理听明白了，就按老师说的去做。他潜下心来，一"着"一"式"，潜心学习，不急于求成。每学一段时间，雷老师就带他到中山公园的"来今雨轩"，去和北京市当时知名的少年棋手程晓流，金同实，谭炎午等对弈，然后再复盘讲解。

有位大教育家说过，兴趣是学习的最好老师。在兴趣的引导下，聂卫平一头扎进了围棋世界，形容聂卫平的学棋，用"刻苦"两个字已是远远不够了。他的努力，仿佛已经超过了这两个字的境界，可以说，他是一时一刻也离不开围棋，这时，围棋已经是他的命根子了！

对于聂卫平的勤奋好学，过老同样格外高兴。与聂卫平同时学棋的还有他的亲弟弟聂继波，聂继波极为聪明，一学就会，进步飞快，棋力在聂卫平之上。当时不只是家里的人，还包括一些围棋界的知名人士，几乎都认为继波会在围棋事业上有造就。但此时，唯独过老另有见地。他说：继波固然聪明，但做事不够专一，刻苦钻研精神远不如卫平。聂卫平好学不倦，专心致志，始终如一，如能持之以恒，将来攀登围棋高峰的肯定是他。

过老看聂卫平学棋辛苦，怕他熬坏了身体，每次教完了棋，都要带他到附近饭馆吃一顿饭。然后再把他送上回家的公共汽车。

那时候，我们国家刚刚度过三年自然灾害的困难时期，各方面的条件都比较差。过老尽管在围棋界很有名气，家里的生活条件和环境却不好，老两口住在一间小房，狭窄不说，屋顶还漏雨。聂卫平的父母都是热心人，出于对过老的敬重，执意把过老夫妇请到家里，腾出了一间最好的房子，请他们居住。

这样一来，倒成全了聂卫平。他再也不用赶着坐公共汽车去过老家了。每天放学回家，顾不得和家里人说上一句话，他就一头扎进过老的房间，而过老也早已把围棋桌安放好了。

和过老接触越长，聂卫平越感觉到自己的知识少得可怜，别的不说，就看过老身边那一大摞子棋谱吧，从唐代王积薪的《围棋十诀》，以及宋代张拟的《棋经十三篇》，直到清代施襄夏的《弈理指归》，还有日本的各个流派，几乎是应有尽有。这些凝聚着前人血汗的精华，像磁铁石一样，吸引着小聂卫平。他紧紧跟随着过老，在书海里遨游，尽心汲取营养。

过惕生住到了聂卫平的家里，这使得聂卫平的棋进步很快，从1963年到1965年，过老不知和卫平下了多少指导棋，从让六子开始到执黑平下，聂卫平逐渐成为一流高手。聂卫平从过老那里学到了良好的布局，大局观得到很好的训练，对他日后的棋艺影响很大。直到1965年过老搬到体委新落成的宿舍。

过老住在聂卫平家，也引来了国家围棋队的一些名将，陈祖德，吴淞笙，王汝南等人常来向过老求教。每逢这时，过老总是要安排聂卫平和他们对弈几盘。下完棋，送走客人，师徒两人再回过头来重新复盘。在这之后，回到自己房间里，聂卫平还要摆一遍，久而久之陈祖德的中盘搏杀，吴淞笙的严谨布局，王汝南的收官技术，都在聂卫平心中扎下了根，变成了他自己的财富。

聂卫平像是和过老粘在了一起，爸爸妈妈的房间虽然近在咫尺，他却很少光顾。有时候家里饭熟了，妈妈，姐姐三番五次来叫他，他也不动身。反正他不用担心饿肚子，想吃的时候就在过老家吃了。长此下去，妈妈不愿意了，她担心过老休息不好，更怕聂卫平对围棋过分入迷，耽误了学习。为此，她不止一次警告聂卫平：不准天天往过老屋里跑！聂卫平的回答是——置若罔闻。气得妈妈揪着他的耳朵质问：你到底姓聂还是姓过？

妈妈的担心不是没有道理的。聂卫平毕竟还是个孩子，缺乏自控能力。有一次，由九段棋手梶原武雄率领的日本围棋代表团在民族宫与中国队交战，聂卫平费尽心机，从刘仁（北京市副市长）的秘书——他的一个大棋友那里弄到一张"请柬"。于是他破天荒的连逃了三天学，跑到民族宫去看比赛。第三天，妈妈知道了此事，特意跑到比赛大厅去找，聂卫平吓得提着书包藏到厕所里，半天不敢出来。回到家里，母亲勃然大怒，对着聂卫平挥起了鸡毛掸子，一通狠打。爸爸也支持妈妈，给妈妈助威。

这次教训，对聂卫平来说，确实十分深刻。妈妈的打固然给他留下极为强烈的印象，但是更使他难以忘怀的，却是爸爸妈妈说出的话：你怎么忘记了陈伯伯的嘱咐呢？首先是功课好，然后才是下围棋！从此以后他功课成绩一直很好。

"学棋的艰难"，现在的同学们是怎么也不能理解的！这是因为国家从大环境上给我们创造了好环境，家长、老师、学校从小环境上给我们创造了好环境。我们自己身在其中而不知。可是，在聂卫平小的时候，想学棋却是那么难。

在聂卫平的棋艺突飞猛进之时，"文化大革命"到来了！一切都在一夜之间变了！刚上初中的他，遭到了极大的打击，父母从高级革命干部一下变成"地富反坏右，牛鬼蛇神"。家被"抄"了，学校不上课了，围棋更不让下了！因为围棋算是"四旧"——旧思想，旧文化，旧风俗，旧势力。连国家围棋队都解散了，聂卫平还上哪学棋去呢。没过几年，就开始"上山下乡"了，全国几百万、上千万的初中高中学生，因为城里没有工作可干，而被迫去农村谋生！就这样，聂卫平被分配到黑龙江北大荒农场。

　　一个下围棋的人，如果不让他摸棋子，那会是什么样？那就像要他的命一样！有一天聂卫平终于忍耐不住了，他想起北京知青程晓流。程晓流也是北京棋界有名的少年选手，他不但棋艺高，而且颇有文采，是棋友们公认的小秀才。他也"上山下乡"了，和聂卫平同在一个山河农场，但相距一百多里路。

　　这一百多里当然挡不住聂卫平。

　　1970 年春节，纷纷扬扬的大雪把大地盖得严严实实，呼啸的西北风把松嫩平原上空吹得白茫茫一片。

　　聂卫平顶风冒雪，带着一身寒气，撞开了程晓流住的那间宿舍房门。"哎呀，小聂！"程晓流又惊又喜，高兴得一蹦三尺高。他帮聂卫平摘下结满冰霜的帽子，拍打着他身上的雪花。

　　"围棋带来了吗？"聂卫平指指身后鼓鼓囊囊的书包，瞪了对方一眼，这还用说！"太好了！快上炕暖和暖和！"进了宿舍，程晓流找暖水瓶倒水的功夫，聂卫平手脚利落地摆好棋了。他已是急不可耐了！像沙漠旅行突然遇到了清泉，像海难后骤然踏上大路，两个棋友只觉得热血一个劲儿地往脸上涌，心头翻滚着激动的浪花。

　　起先他俩还互相探问彼此的情况，不一会儿，两人就知趣地闭上了嘴，把全部精力都倾泻到棋盘上。

　　夜深了，风声越来越紧，风和雪交织在一起，撞得门嗦嗦发抖，响个不停。就像要把整个房子一起卷走！

　　聂卫平和程晓流的棋，还在一盘一盘没完没了地下！下个没完！同宿舍的知青早就睡了。

　　炉膛里闪着飘忽不定的火光。在黑白棋子的响声和起落之中，两个人仿佛进入了神奇的梦境。在他们心目中，身边的一切都已融入了无边的夜色，唯有棋盘和棋子焕发着奇异的光彩。那圆润晶莹的棋子，多像安徒生笔下那个小女孩手中的火柴，每晃动一下，都会在他俩面前展现出一幅动人的图景，勾起他们对旧日生活的美好回忆。尽管这图景总是一闪而过，然而，幸福来的越少不越显得珍贵吗！

聂卫平在程晓流农场的小屋里住了五天。在这五天之中，除去吃饭，睡觉，上厕所，他们把全部时间都用在下棋上了。他们也记不清到底下了多少盘，反正彼此的精神都得到了一种补偿。这是一种享受，但却是带病态的享受。是人的兴趣和爱好，这躯体内的神灵被禁锢压抑之后，不顾一切地表现出来的结果。一向喜欢吟诗的程晓流当时哼出一句"闲敲棋子落灯花"的诗。形象地反映了当时的情景，聂卫平至今还记忆犹新！

从此，在四分场与九分场之间，长达百余里的公路上，不时可以看到聂卫平和程晓流风尘仆仆的身影。俩人不是我上你那儿，就是你上我这儿。一条无形的感情的线，把他俩紧紧地连在一起。在时断时续的接触中，俩人的棋艺和友谊与日俱增，突飞猛进！

1973年国家恢复国家围棋集训队时，俩人都同时入选。由业余棋手转变为专业棋手。俩人经过自己地不懈努力，人生终于发生了质的转变，质的飞跃！

人的一生，总会有顺境也会有逆境，顺境可以消融人的斗志，逆境可以磨练人的斗志，不管哪种环境都是磨练和考验！顺境容易过而逆境则难闯。聂卫平没有在"文化大革命"之中耽误时间，相反，他充分利用了这几年的时间，使自己不断提高，当祖国需要他为国争光时，需要他上战场冲锋陷阵时，他便立刻能去奋战。

在农场他没有耽误时间，在回城时更是充分利用这宝贵的机会！当时陈祖德等七名国家围棋队的选手，正栖身在北京第三通用机械厂，聂卫平当然不会错过这个绝好的机会！回城后就去寻找他们"三通用七兄弟"。由此看来，只要我们自己想学，就能够有机会学，就能够有办法学。

"文化大革命"进行到"斗、批、改"阶段后，国家围棋队和很多运动队一样，被强令解散。昔日名震体坛的教练和运动员，被随意丢弃到各个角落，很多人被发配到偏僻的山区和林场。只是因为周总理说了"围棋要留种子"的话，这七名棋手才得以集体在京郊安身，穿上工作服当了工人。陈祖德和曹志林是模具钳工，吴淞笙和王汝南是维修钳工，丘鑫和黄德勋是车工，华以刚是铣工。他们虽然改了行，却没有因此而自暴自弃，而是牢记周总理的嘱托暗地里厉兵秣马，等待着东山再起，为国争光。

聂卫平一生战绩辉煌，曾获六次全国个人赛冠军，八次新体育杯冠军，六次十强赛冠军，棋王，天元，CCTV 杯各一次，共计 23 个国内冠军！并获得了三次世界大赛的亚军。

聂卫平历史功绩在于，把我国的围棋水平提高到一个新高度，极大的缩小了与世界最高水平的差距（三个世界亚军），并引发了我国建国以来最大的、持续时间最长的一次围棋热，一次从未有过的大井喷！

聂卫平的颠峰岁月在八十年代在举国瞩目的中日围棋擂台赛。他连任数届中国队主将，为中国队的连胜立下奇功。

1985 年在第一届中日围棋擂台赛中，日本超一流棋手小林光一九段连克中方六将，中方曾以 5 比 7 落后于日本队，聂卫平作为主将出战，应战小林光一九段，8 月 27 日和 29 日在日本连续战胜超一流的九段棋手、十段战冠军小林光一和王座战冠军加藤正夫，把比分扳成 7 比 7 平，11 月在北京又击败日本擂主、曾六次夺得"棋圣"战冠军、被授予"终身棋圣"称号的藤泽秀行，为中国赢得了擂台赛的胜利，实现了中国棋手首次战胜日本"超一流"棋手的重大突破。

1986 年在第二届中日围棋擂台赛中，他连克日方五将，再次使中国队反败为胜。

1987 年在第三届中日围棋擂台赛中，迎战日本队主将加藤正夫，中盘取胜，中国队"三连胜"。聂卫平的个人声望达到顶点。

聂卫平比赛期间上至国家领导人下至平民百姓均无不关心其比赛情况，清华大学、北京大学等学生也因其捷报而游行庆祝。聂卫平成为那个时代中国的"英雄人物"。在中国掀起了学围棋的热潮,这其中就包括了后来成长为一流棋手的常昊、周鹤洋、罗洗河。

聂卫平 1986 年起任国家围棋队总教练。1988 年在首届"富士通杯"世界职业围棋锦标赛中,获第三名。1989 年在首届"应氏杯"世界职业围棋锦标赛上,获第二名。1988 年 3 月 22 日为表彰聂卫平对围棋事业的杰出贡献,国家体委和中国围棋协会授予他"棋圣"称号。九十年代后,在我国新举办的"国手战"、"名人战"、"棋圣战"中,均获首届冠军。

昭和棋圣吴清源

吴清源 12 岁即露头角,13 岁在国内无敌手,15 岁至日本,20 岁创围棋新布局法。在日本,尽败日本高手,被誉为古今第一人。

吴清源,1914 年 6 月 12 日(农历五月十九日)出生于福建省福州市的名门望族,后举家迁入北京,很早即在围棋上表现出过人的天分。11 岁时就成为北洋军阀段祺瑞门下的棋客,并以"围棋神童"出入段祺瑞府邸及北京中央公园(现中山公园)来今雨轩棋席,14 岁东渡日本,开始其职业棋手生涯。1933 年,年仅 19 岁的吴清源运用自创的"新布局",对阵本因坊秀哉名人,翻开了围棋史上崭新的一页。1936 年,抗战爆发前夕,吴清源加入了日本国籍。

1939 年到 1956 年,被称为"吴清源时代"。二战初期,在日军铁蹄横扫中国和东亚大陆的同时,棋士吴清源在日本本土上孤军奋战,仅凭个人之力,在震古铄今、空前绝后的十次十番棋中,战胜了全日本最顶尖的七位超级棋士,并把所有的对手打到降级,迫使败者改变交手身份以表示弱者不具备和强者公平竞争的能力——吴清源成为当之无愧的棋坛第一人，被誉为"昭和棋圣"。虽然吴清源加入了日本国籍，但日本人始终认为他是中国人。即使吴清源为他所谓的"中日亲善"做了很多努力也依然无法改变这种状况。

之后的20余年，吴清源不仅在十番棋擂台上击败了当时所有的超一流棋手，而且还提出了新布局理论，革除了许多过去平庸的定式下法，为围棋理论的发展起到了举足轻重的作用。

抗战胜利后，吴清源重新加入中国国籍。1961年，吴不幸遭遇车祸，渐渐淡出一线比赛。1979年，吴清源再次加入日本国籍。

"中国流" 布局的创始人陈祖德

陈祖德出生于1944年。是新中国培养的第一代国手中的领军大帅。陈祖德很小就跟随父亲学会了围棋，在他7岁的那年，陈祖德在上海襄阳公园和老年闲居上海的顾水如先生下了一盘受七子棋，下着下着顾老突然高兴的一拍桌子说，这个孩子我收了！从此收陈祖德为徒，陈祖德的棋艺大进。五年后，年近七旬的顾水如把12岁的陈祖德推荐给了当时的南方棋界盟主刘棣怀。受这位老师的影响，陈祖德的棋风钢烈，极擅长中盘搏杀，对中国古代棋艺精髓领会得颇为透彻。

1959年，15岁的陈祖德获得了上海市的围棋冠军。1960年，陈祖德战胜了当时的"南刘北过"，开始在全国棋坛崭露头角，1962年陈祖德获得了全国比赛的亚军。1963年在让先的情况下，陈祖德第一次战胜来访的日本九段棋手。随后，在1965年陈祖德又率先在分先棋中，战胜了日本九段岩田达明。在国内的比赛中，1964年，1966年，1974年陈祖德三获全国冠军。

陈祖德对围棋的热爱，对围棋的追求贯穿始终。一个人，长大了不管干什么，只要他热爱自己的事业，对自己的事业勤勤恳恳，发奋钻研，就一定能干好干出成绩来。不管干什么，一定要干好。陈祖德就是我们各行各业的好榜样。

在进入国家队以后，陈祖德的棋艺不断提高，在和日本棋手的不断交往中，尤其是 1961 年和安藤英雄（日本业余围棋冠军）比赛后，深感布局对于发挥水平的作用。只有在布局中摆好阵势取得主动才能顺利进行中盘作战。

经过一段的研究，他感到"对角星"布局较适合自己的棋风。但"对角星"已为大家所熟知，又可轻易地阻止使用，陈祖德决心研究出一套适合自己特点的并利于突破的布局。他认真研究现代日本布局，研究中国古谱，日本古谱和日本"新布局"时期的布局，直至研究日本业余棋手的布局。他研究的棋谱多了，视野就开阔了。最后他终于找到了他所追求的理想布局——执黑棋采用"对角星"布局，如果对手阻止使用"对角星"布局，则采用"中国流"布局。当时还没有"中国流"这个提法。这种布局很快在中国和世界上盛行，最后被日本围棋界称之为"中国流"

国运盛，棋运盛。国运衰，棋运衰。随着 1966 年底日本围棋代表团访华的结束，"文化大革命"终于把围棋运动扫下了共和国的舞台。一大批新生国手，一代国家的栋梁之材，被迫离开了棋盘。刚刚建起的围棋大厦，一夜间被轰然推倒。正在追赶日本围棋的中国围棋列车，突然被撞出轨了！

陈祖德从一个五好运动员一下变成被改造的对象。终于在 1970 年夏天，被下放到山西省长治市屯留县，国家体委的"五七干校"劳动改造。是年底，又被分配到北京第三通用机械厂。同去的还有吴淞笙，王汝南，曹志林，华以刚，邱鑫和黄德勋。这就是以后闻名于世的"三通用七兄弟"。

在没有棋下时，有一天他收到了清华大学一些师生的来信，希望得到他的指导。于是他便带着邱鑫或曹志林去了清华大学。在学生宿舍摆开了指导棋，由于校内的很多围棋爱好者闻风而来，观看的人太多了不但把桌子四周围得水泄不通，连双人床的上铺也坐满了人。晚上就和同学们挤在一起。清华大学至今还是高校里围棋水平最高的。在三通用时，社会上经常有爱下围棋的人去找他们，他们都给予了热心的指导和帮助，其中最有名的就是后来的棋圣聂卫平。曹志林还办了个小围棋班，教大家学棋。

在逆境中，有的人放弃了自己的追求，有的人沉降沦落了。可是陈祖德却没有放弃对理想的追求，没有放弃对事业的热爱，没有停止对逆境的斗争。我们不但要学习他勇于夺冠的精神，更要学习他做人的高尚品德。

陈祖德棋好，棋品好，人品更高。下棋不管碰上棋比自己好的还是差的，都要认真下，不能瞧不起对方。在他的一生有一次对局对他的刺激最大，使他对什么叫棋品，什么是人品有了深刻的认识。

那是在1960年日本围棋代表团访问我国时，陈祖德和安藤英雄下的一盘棋。"俩人交手不久他就占了上风。安藤感到自己取得了明显的优势后竟然站了起来，悠闲地在赛场走来走去观看其他几局比赛。后来他甚至离开赛场，到外边庭院中欣赏花卉和盆景（比赛场地设在北京的北海公园）。他一次又一次地起身得意地漫步，对我的自尊心是莫大的伤害。

安藤的行为是出于年少无知，但是他的行为却给我上了一课，使我深刻地体会到一个棋手的傲慢表现会给他的对手带来多大的伤害。今后如果我的水平提高了，我决不会像安藤那样蔑视对手，我决不会无故离开自己的椅子。自己要被人尊重，首先要尊重人。

陈祖德在"文革"时遭到冷遇，后来他说：这件事从反面教育了我，人不分社会地位的高低都有自尊心，伤害别人的自尊心是不道德的，是残酷的。对广大的围棋爱好者，陈祖德更是没有一点大冠军的架子，从来都是平易近人。在"文革"时代，陈祖德说：特别是广大的围棋爱好者，他们总是关心着我们，不断地使我们得到鼓舞。我呢，每月要买上一大堆邮票信封，和全国各地的棋手及围棋爱好者保持联系，有时一天就发出十来封信。发信多可见收信同样多！

"文革"之后，我国的围棋事业又开始了一次飞跃。但是更大的灾难降临到陈祖德的头上。在1980年的乐山全国赛上，陈祖德大口吐血，终于病倒了，送回北京治疗时，发现是得了癌症。手术后，陈祖德躺在床上，知道自己不再可能上场撕杀了，一个运动员的寿命已经终结了！但是，一个人的追求不能终止，对事业的热爱不会完结！

他在病床上，决心和病魔争夺一次，用所有的时间写一部书，把我国从建国开始到他病倒的这几十年的围棋史写下来！让后人知道我们的围棋事业来之不易！这就是后来出板的《超越自我》。

陈祖德终于战胜了病魔，再一次获得了新生。虽然陈祖德所代表的那个时代已经过去，但是宝贵的精神财富永远留在我们心中！

围棋国手 "妖刀" 马晓春

马晓春是个天才，谁都那么说。

火车"时刻表"的故事，流传甚广。马晓春的记性极好。有一次，他与同伴坐119次列车去杭州。一路上同伴们发现，他能将每个停靠的车站的时间说出来。几分几秒，准确极了。人们开始夸他了，但是，马晓春以他那特有的漫不经心的口吻说："这不算什么！时刻表上任何车次的任何时间，我都能说出来……"这一下，人们更惊讶了。临座的一位旅客不信，从包里翻出一本时刻表，开始考他。没想到，马晓春照样能八九不离十地回答。同伴们没有看见马晓春刻意背过时刻表，他只是在漫不经心中将浏览过的火车时刻表印在脑子里。"过目不忘"用在他身上，真是贴切至极。

马晓春 1964 年 8 月 26 日出生于越剧的故乡浙江嵊县（已改为嵊州市）城关的一户普通人家，祖父靠帮人家抄抄写写维持生计，祖母料理家事，父亲马尧祥在离家 20 里外的黄泽中学任数学教师，母亲邢爱花在幼儿园当老师。马晓春呱呱坠地时，哥哥马晓明两岁。

1973 年秋，马晓春 9 岁那年，家里常有棋友来下棋。这个家庭浓厚的"围棋气氛"使他深受启迪。最初父母对他没有什么远大的培养目标，由于当时马路上自行车来往穿梭，马晓春父母怕他外出玩耍会被自行车碰倒，为了安全起见，想出一个"万全之策"：让孩子下围棋，把他关在家里。马晓春就是在这种特殊条件下接受围棋启蒙的。

马晓春于围棋有极高的天赋，一经接触，就显示出对围棋的特有悟性。父亲马尧祥很快就发现儿子的过人才智和敏感性，他把自己所掌握的如数教给儿子，还多方向内行人请教，到处去借棋书来看，带着儿子四出求师。其中，有位叫尹卜吾的老医生，棋艺在嵊州城关一带很有名气，马尧祥就让晓春经常去跟他下授子棋。此后马晓春棋艺不断进步，10 岁时，已能在授四子的情况下战胜他的父亲。

1974 年，浙江省在天台举办少年儿童围棋赛，马晓春以绍兴地区儿童组冠军的资格参加比赛。10 岁的他闯入了本赛。本赛中他利用一个单片劫逆转战胜对手陈临新，取得儿童组第三名。同年他在成都举办的全国围棋团体赛中，代表浙江省参加儿童组比赛，打第三台。十二盘全胜，浙江儿童队也因此排在上海，四川之后，获得第三名的好成绩。赛后不久，马晓春就被选拔进省围棋集训队。

马晓春在省队很得教练姜国震、领队陈忠水的厚爱。在杭州，晓春还得到许许多多围棋前辈的关怀和指导，尤其是被称为"钱塘三剑客"的浙江围棋元老张李源、竺源芒、孙义章，姜国震就是这"三剑客"的大弟子，得意门生。当时队里数马晓春年纪最小，个子也小，同队的陈临新、朱菊菲、金茜倩等人都是他的大哥哥，大姐姐，但机灵劲都不及他。

杭州时期，马晓春最为幸运的是有机会参加全国的许多比赛，陈忠水、姜国震都很器重他，一有机会总让他上前线，上台实战。这些磨练既开阔了晓春的视野，也提高了他的棋艺，为以后的发展夯实了基础。

马晓春下棋不以用功著称，而以灵气闻名。他的确在棋上下过苦功，但同时也应该说他自幼对围棋就有常人所缺少的灵气。1976 年，已是当时中国围棋第一人的陈祖德，一次在往赛区的火车上，姜国震请他和马晓春下授子棋，授三子。马晓春胜了陈祖德。陈祖德棋输了，还给自己加上另一输：速度也输了。从此马晓春给他留下深刻的印象。

1978 年，马晓春来到北京，进入国家围棋集训队。进京当年，马晓春在全国少年围棋赛中就拿了亚军；第二年 8 月，他在全国少年围棋赛决赛中更以五战五捷的战绩夺得了冠军。

1980 年，在黄山下的屯溪，进京才两年多的马晓春代表浙江省参加全国围棋团体赛，第 7 轮，马晓春执黑以 3/4 子的优势险胜代表黑龙江省的聂卫平，爆出了一大冷门。有人说，从此，聂马争雄的时代就拉开了序幕。马晓春因此战取胜拿到当年 9 月在四川乐山全国个人赛的入场券，并夺得个人赛亚军，而冠军刘小光全赛过程 9 胜仅 2 负，其中一负就是输给马晓春，此役，马晓春还战胜了如日中天的陈祖德，引起了中日棋界的侧目。

从此后不久的乐山战役他先后战胜陈祖德、聂卫平和刘小光的棋局内容看，已体现他在探索新路和形成个人的棋风。

1981 年 6 月，日本围棋代表团访问中国，与中国围棋队进行 6 场比赛，第 5 场安排在杭州，离 17 岁还有 88 天的马晓春执黑中盘战胜日本小岛高穗九段。1982 年 6 月 13 日，晓春作为中国队仅次于聂卫平的主力队员，参加中国围棋代表团访日，在东京，晓春执黑对日本著名高手大平修三九段，中盘取胜。大平修三九段以往对中国棋手比赛屡战屡胜，保持着不败的记录，马晓春战胜他，意义异乎寻常。次年 6 月 23

日，又是在杭州，马晓春战胜日本围棋代表团的九段高手苑田勇一。苑田此行访华，7 战 6 胜，输的一盘就是栽在马晓春手下。

1982 年 9 月，在浙江温州的全国个人赛，聂卫平执黑中盘胜了马晓春，报了一箭之仇。

1982 年秋，上海《围棋》月刊社举办了"围棋夺魁赛"，比赛分男、女组，各邀请两名国内高手参赛。依据高手的战绩，棋迷的推荐和舆论的倾向，男子组聂卫平当属首推，而在刘小光、曹大元、邵震中、江铸久、马晓春等众多才华超群的年青棋手中，最终选定了当年的全国围棋冠军马晓春。自 9 月 23 日起，至 11 月 2 日，聂卫平和马晓春先后在北京和上海进行 5 局决胜负的大战，这也就是第一次"聂马大战"。

这次大战，前四局双方战成 2:2 平。决胜局中，马晓春执白以 3/4 子负于聂卫平，以总分 2:3 无缘冠军，但国人对马晓春的棋艺都已刮目相看，因此普遍认为中国棋坛从此进入"聂马时代"。这一时代延续了 10 年左右。

当马晓春战胜日本小岛九段时，他还没有段位称号。1982 年 3 月，我国举行首次段位赛，晓春先是被暂定七段，以此资格参赛，从而获得正式七段；10 月，他就晋升为八段。所以，"聂马大战"第一局开战时，马晓春是七段棋手，但第四局时，他已获得八段称号。

1983 年 11 月，年仅 19 岁的马晓春晋升九段，成为我国继陈祖德、吴淞笙、聂卫平之后的第四位九段，也是当时我国最年轻的九段棋手。随后，晓春取得 1984、1986、1987、1991 年的全国围棋个人冠军，问鼎国内各种大赛，夺得一顶又一顶桂冠。

1984 年 10 月，第一届中日围棋擂台赛拉开帷幕，一办就是 11 届，直至 1996 年才结束。在这个大舞台上，作为副帅的马晓春也有过许多非凡的表现。他总是受命于危难之秋，第一届负于五连胜的小林光一，第二届战胜日方五连胜的小林觉，成功扳头。第三届，马晓春不仅战胜山城宏，还战胜"宇宙流"的创始人、副帅武宫正树；第七届，他连杀日本三位精英：小林觉、山城宏、片冈聪。他参加过 10 届擂台赛，出场 13 次，7 胜 6 负，胜率为 54%。

当时马晓春蕴藏在胸怀中的远大抱负是：在国内，他要以聂卫平为第一对手，赶超他，成为名实相符的"中国第一"；在国际，他咬住日本的超一流棋手加藤正夫、武宫正树、小林光一等人，尤其是小林光一，战而胜之，成为世界第一。那时，晓春国内国外，南征北战，赛事十分频繁。他的三本书，《三十六计与围棋》、《神秘序盘》和《笑傲纹枰》，一笔一字都出自自己的手，许多章节是在大赛期间抽空写的。

1992 年初，马晓春在香港的中国棋王挑战赛中胜了聂卫平，终于集中国名人、新体育杯、棋王等桂冠于一身，夺得了中国围棋赛的"大满贯"。随后，晓春在第七届中日擂台赛上又连续战胜小林觉、山城宏、片冈聪，战绩上佳。事实上，此时中国围棋已进入了马晓春时代。

1994 年上半年，就在马晓春国内成绩无以伦比，不但集五冠于一身，而且在最后的决赛中，几乎都是以直落三局无可争议的优势取胜，聂卫平甚至未能在马晓春的各项夺冠赛中获得挑战权，无法与之对局。刚刚创刊的《新民围棋》决定举办事隔 12 年的新一届七番棋"聂马大战"。

1994 年 5 月"聂马大战"在北京揭幕。前三局聂卫平分别执黑、执白、执黑胜 3/4 子、1/4 子、2 又 3/4 子。接下来的三局马晓春分别执黑、执白、执黑以中盘、2 又 1/4 子和 1 又 3/4 子取胜。双方战成3:3 平。1995 年 2 月 8 日，决胜的第七局在上海江湾的蓝天宾馆开战。马晓春执黑在终盘前领先的情况下，读秒中误认为自己落后，结果葬送了胜局，以 1/4 子惜败。

"聂马大战"结束 38 天后，聂马参加汉城的第六届东洋证券杯半决赛。半决赛中，聂马两人以 2:1 相同的比分分别战胜韩国的曹薰铉和日本的山城宏，双双出线，闯入决赛。第六届东洋证券杯冠军事实上已经落入中国人手中。此前，在围棋世界大赛中，曹薰铉战绩最好，是世界围棋第一高人。所以围棋圈里的人说：马晓春从此结束了曹薰铉的时代。聂马双双告捷。

第六届东洋证券杯决赛分两个阶段，先赛两局，一个月后再赛三局。1995年4月，汉城决战开始，第一局马晓春执黑先行，轻松地赢下比赛。第二局马晓春执白，开局不久就胜利在望，但后来连连失误，输掉了比赛。双方战成平局。

回国后，马晓春先是在第九届中国天元赛上以3：1战胜聂卫平，卫冕成功；随后在第八届中日天元决战中，以2：0胜了24岁的日本新天元柳时熏。5月22日东洋证券杯决战第三局在汉城打响。在这关键局，马晓春执黑中盘取胜。随后5月24日的第四局，马晓春以6目半取胜，以3：1总比分赢下了决赛。马晓春为中国获得了第一个世界围棋冠军。这年，马晓春30岁。

1995年6月3日，第八届富士通杯第三轮八强赛桂林举行，马晓春对林海峰。新世界冠军马晓春没有给林海峰任何机会，执黑中盘战而胜之，进入四强。6月29日，马晓春又飞往日本参加第八届富士通杯半决赛，与日本本因坊、世界超一流棋手赵治勋争夺富士通杯决赛的入场券。马晓春以极微弱的半目险胜，取得决赛权。

当时世界棋坛上能在短短的几个月里两次登上世界围棋赛争霸的舞台唯有曹熏铉和马晓春二人。马晓春的决赛对手是日本的小林光一。

小林光一是马晓春要赶超的目标。马晓春战胜小林光一是一个极为艰难的漫长的历程。

在中日围棋名人赛上，从1989年12月的第二届起，马晓春以新的中国名人身份开始迎战小林。连续三届，马晓春均以0：2惨败给小林。第五届中日名人对抗赛，马晓春以2：1初次战胜了日本棋界"第一人"小林光一。日本《棋》周刊以"为零的突破而沸腾的中国"为标题报道了中国棋界。

接下来的一届在上海银河宾馆举行。马晓春以1：2输掉中日围棋名人赛。1994年12月第七届中日名人赛马晓春以2：1再初次战胜小林光一，结束了该届也结束了七届的中日名人对抗赛。

事隔不到 8 个月，马晓春和小林光一又相会在东京，争夺富士通杯世界冠军。1995 年 8 月 5 日，在富士通杯决赛中，马晓春以 7 目半的优势战胜小林光一，捧回"富士通杯"，为中国围棋又增添一个世界冠军。这年，晓春还是 30 岁。在短短的一年里连夺两冠成为"双料世界冠军"，在当时这个殊荣世界上唯韩国的曹薰铉九段于 1994 年获得过。

马晓春梅开二度，这是马晓春围棋生涯的第一个高峰，也是人生的第一个高峰。

喜讯传来，举国欢呼，围棋界更是兴奋万分。中国棋院院长陈祖德九段高度评价说："这是中国围棋又一次历史性的重大突破。作为新一代棋手领头羊的马晓春接连取得如此令人瞩目的成绩，必将会鼓舞更多的年轻棋手去冲击世界冠军，从而带动中国围棋整体水平迈向一个新的高度。"

少年姜太公李昌镐

在围棋界，他有"外星棋手"、"少年姜太公"、"石佛"、"神算子"和"鳄鱼"等称号。他外貌柔弱，常面无表情，喜怒不形于色。其棋风厚实均衡，基本功扎实，计算精确，各种战法样样精通，他下出的棋很少出错，常令对手感到无隙可乘，其官子功夫号称"天下第一"，且其心理素质极佳，常能在激烈的比赛中自始至终保持极其冷静的心理，从而使其对手在后半盘常有压力感，丧失斗志。对李昌镐的棋，对手很难找到非常有力的攻击手段。

1988 年，13 岁的李昌镐夺得首个国内围棋冠军；1989 年，年仅 14 岁的李昌镐就在"最高位战"决赛中击败自己的老师曹薰铉夺得冠军；

1992 年，17 岁的李昌镐在第三届"东洋证券杯"决赛中以 3：2 战胜日本超一流巨星林海峰夺冠，创下了世界上最年少夺冠的记录，被誉为"围棋神童"。此后夺得 20 多个世界大赛冠军（含快棋赛），开创了无敌于天下的"李昌镐时代"（1996—2006）。直到 2007 年李昌镐的继任者李世石的强势崛起，李昌镐时代才宣告结束。

李昌镐技术全面，行棋绵密老成，计算精准无比，官子功夫极佳。在其全胜时期，凭借卓越的全局驾驭能力和天下第一的官子功夫，横扫中日韩三国的顶级高手，对中国围棋的领军人物马晓春、常昊均有过十连胜的骄人战绩。

李昌镐的棋朴实无华，善于"兵不血刃，不战屈人。"他在对局中经常下出看似吃亏乃至笨拙的棋来，但在关键时刻却能发挥巨大作用。他的棋很少出错，只要对手稍有失误，便会遭到他的致命一击。

日本著名超一流棋手加藤正夫曾说过："别人的棋看一遍就懂了，李昌镐的棋需要看两三遍才能懂。"棋外的李昌镐略显木讷，在对局中更是面无表情，喜怒不形于色，一颗"平常心"出神入化，无论局面优劣都能荣辱不惊，保持冷静，因此人称"少年姜太公"、"石佛"。以致有棋手评价道："和李昌镐下棋，棋还没有下，便觉得已经输了。"在李昌镐称霸世界棋坛的十余年里，他创造了一个又一个围棋记录，续写了一个又一个的不败神话，被认为是"50 年一遇的围棋天才。因其高超的棋艺、辉煌的战绩被称为"外星人"、"上帝派来下围棋的人"。

围棋天才常昊

常昊生于上海市，幼时聪颖，1986 年定为初段，后从师聂卫平，在 1995 年和 1996 年中日围棋擂台赛中取得五连胜和六连胜，一战成名，此后进入颠峰，1997 年升为八段，1999 年晋升九段。多次获得全国冠军，成为中国围棋第一人。从 1997 年到 2005 年 2 月，7 次获得国际亚军，无一国际冠军，有"千年老二"之号。不过常昊曾经在 2003 年一度低迷，未获一冠。但是在 2005 年 3 月 5 日，常昊终于击败有"毒蛇"之称、曾经战胜过世界第一人李昌镐的崔哲瀚而成功获得第五届应氏杯冠军，成为天才常昊的世界第一冠。2006 年首届中韩围棋擂台赛中连胜安祚永、金东烨、曹薰铉，最终击败韩方主帅李昌镐，在中方主帅古力没有出场的情况下协助中国队获得擂台赛冠军。在 2007 年 1 月他在三星保险杯决赛中以 2－0 击败多年来的对手李昌镐，获得了自己的第二个世界冠军头衔。2008 年 1 月以中国副将身份在农心辛拉面杯擂台赛中以 4 连胜击败包括李昌镐、朴永训在内的日韩棋手，帮助中国队首夺农辛杯三国擂台赛冠军。2009 年 6 月，在春兰杯决赛中以 2：0 再次击败韩国棋手李昌镐，获得了自己的第三个世界冠军头衔。2010 年获得广州亚运会围棋男团银牌。现在常昊共计获得世界冠军 3 次；世界亚军 8 次；国内冠军 41 次。

常昊出生于 1976 年 11 月 7 日，他迷上围棋时只有 6 岁。

常富森、周樾园夫妇都是上海棉纺十五厂的工人，一个是机修工，一个是纺织工。他们家住上海南市区的城隍庙，一墙之隔便是豫园，属于上海最拥挤最热闹的商业地段。一出家门就是街道，从早到晚车水马龙，人来人往。

如此环境对一个孩子的成长是不利的。他们担心常昊在街头染上什么坏习惯，生出什么乱子，于是给他定了个规矩：不许出门，在家里由奶奶陪着玩。为了能把他拴在家里，他们给他买了不少玩具，其中就有棋具和魔方。上海最喧嚣的地方，后来居然出了个最安静的孩子。

各种各样的棋具常昊都有，象棋、军棋、斗兽棋、飞行棋、数学棋。让他们吃惊的是，只要教会他，过不了几天，常富森就会成为儿子的手下败将。

"你让让他吧。"周樾园经常这么劝丈夫。常富森说："让什么，我已经下不过他了！"

怎么才能难住常昊？一次，周樾园给他买回一只彩色魔方，并特意带了一只电子计时表。常昊很快就得心应手了。有次比赛，周樾园为儿子和丈夫当裁判，常昊不到一分钟就把魔方的六面全码齐了！只见魔方在他的小手里翻转自如，咔嚓直响，常富森、周樾园都看呆了。

在幼儿园里，常昊在节目演出中展示过这个拿手好戏。

至今常昊还有个小小的魔方钥匙链，一次当着张璇八段表演，他只翻齐了一面。他说："现在我反而不会玩了，搞不清小时候我是怎么玩的。"

常富森性格内向，不太擅长跟人打交道。但他特别内秀，是个无线电好手，还是个出色的木匠，家里的活计没有他干不好的。周樾园相反，心直口快，敢想敢干，极有外交才能。常昊出生时，计划生育政策已经推行，作为独子，常昊自然是全家的轴心。

当时他们家三代四人住在一间 20 平方米的旧房里，生活并不宽裕。然而常富森、周樾园是有情趣的人，生活得有声有色，并不枯燥。他们都喜欢与胜负有关的游戏。比如，周樾园不仅下象棋，甚至还夺得过厂里象棋比赛的前三名！至今她打一手好麻将，"一搓三"的事情还经常出现。

常富森参加厂里的围棋赛，虽说他还谈不上入门。另外他是个球迷，有次上海足球二队在沪南体育场迎战山东足球队，门票告急，但他还是设法弄到了一张。他是带常昊去的，原本安静的常昊这次在看台上一刻也没闲，又喊又叫，手舞足蹈，结果把鞋子都踢进了场内，还是保安警察拾了送上来的。

常昊的记忆力极好。父母上班很远，起点是外滩，终点是长宁区的天山站，乘公共汽车要穿城而过。一次在公共汽车上，常富森教了常昊乘法口诀，下午他们再返回时，常富森问："还记得住乘法口诀吗？"常昊一字不落地背了下来。

看过中国女排的比赛转播，他能学着解说员宋世雄的腔调，滚瓜烂熟地讲它一遍。

他接触围棋是在家里，见父母饭后下，他顿时被那深奥神秘的黑白子吸引住了。就在这时，上海电视台开设了一个围棋入门的节目，主讲人是上海知名的少儿围棋教练邱百瑞。可常昊那时还听不懂。周樾园看过节目后说："要是能给常昊请个家庭教师就好了，这个邱老师就不错。"

常富森说："你又不是万元户，请得起吗？"

这件事成了她的心病。一次在厂里跟同事聊天时说："我儿子迷上了围棋，要是有个老师教教他就好了。"

有个同事立即告诉她，上海体育馆正在办围棋班，报纸上早登过招生消息了。周樾园一听，马上请了两个小时假，骑上自行车就直奔位于市中心的体育馆。

此时正是中午，邱百瑞回家休息了。传达室的守门人告诉周樾园，围棋班已经办了三个月了，可能报不上名了。

周樾园心急如焚地等到了邱百瑞上班。邱百瑞四十来岁的样子，文质彬彬，话语不多。

他不动声色地听周樾园说明来意，轻声答道："已经开班三个月了，来了也跟不上，明年再说吧，到时候我可以通知你。"

别说明年，就是一天都等不及！周樾园恳求道："这孩子特别聪明，吵着非跟您学棋不可。你就收下他吧，让他旁听也行呀，跟不上我再把他带回去！"

来学围棋的孩子，哪个不聪明？邱百瑞见的太多了。"他只会'吃子'，肯定是跟不上的了。"他不以为然的说。

妈妈急了，忽地拦在邱百瑞面前：

"邱指导，我儿子四岁时就能一分钟翻六面魔方。"

妈妈趁此机会，将常昊的全部"本领"一五一十地抖了出来：什么他两岁就学会了加减乘除呀，什么他有惊人的记忆力呀……

邱百瑞被缠得没有办法了，只得答应"试试"。

也就是这么一试，给常昊打开了幸运之门。经验丰富的邱指导并没有让常昊跟其他学员对奕，而是让他在旁观战。小常昊在观棋，邱指导却在一边观察常昊。奇了，连续两天，这个才五六岁的孩子竟被棋子"管住"了，两眼盯着棋盘，紧抿着嘴唇，那种全神贯注，倒像一个成年的棋手在观战。邱指导不禁叹道："我见过无数喜欢下棋的孩子。让他们看棋，他们稍微看一会儿就觉没劲，或者忍不住就要动手下棋。而像常昊那样一动不动静静观战两天也不出棋的五六岁孩子，我却从未见过。我从常昊的眼神和嘴唇，看到了作为一个棋手所必需的专注和自信。好，这个徒弟我收了！"

小常昊，就这么跨进了市体育宫围棋训练班的大门。在这个围棋明星的摇篮里，执教二十多年的邱百瑞培育了一大批棋坛国手。他们中有九段曹大元，八段钱宇平、王群、芮乃伟，七段杨晖……如今，邱百瑞又开始悉心指导小棋手常昊。

像其他新星一样，常昊的智慧之花开始结果。他进班才两个月，就赶上了比他早进班八个月的小哥哥小姐姐。

过了几个月，常昊在上海市少年儿童围棋比赛中一举夺得了儿童组冠军。别人向他祝贺，他却口出狂言："儿童组有啥稀奇，我将来要把儿童两个字拿掉，还要同日本高手较量呢！"

你看，多么自信！也许你会说：他是"天才神童"嘛，当然了不起！

常昊确实有其"神"的地方。华东师大心理系的老师曾对常昊进行过智商测验。一般来说，绝大多数儿童的智商在 100 至 110 之间，而常昊的智商竟高达 138。老师说一遍 8573，常昊马上就能倒过来背。数字一直增加到七位，常昊每次都能倒背如流……这种在数字的记忆和排列上所表现出来的超人特长，简直令人吃惊！

那次扬州国手赛，小常昊不知天高地厚地吵着要到扬州去跟所有第一流国手较量较量。妈妈被他吵得没办法，只得请了事假，带着他赶到了扬州。

"好呀，我也正要找他呢！"中国第一号聂卫平兴致勃勃地一把将小常昊拉到自己房间，让五子大战一场。

当然，小常昊最终不敌一号国手，但却使聂卫平赞叹不已：我开局几子故意不按棋谱摆，可他却处理得十分得体，真是个将才！"

后来，聂卫平赴日本，又把常昊介绍给了日本"棋圣"藤泽秀行："我敢预言，四五年后，他可以成为一个优秀棋手。"

"可以超过你吗？"藤泽先生问。

聂卫平回答："可以。"

这下，轮到藤泽先生急不可待了，他趁访华之际，特意找小常昊试试功力。藤泽让四子，屡屡怪招。换了别人，面对世界高手，还未下棋心就虚了。不料，小常昊却一点也不慌张。只见他睁大眼睛，抿紧着嘴唇，应对出色，大胆出击，中盘时竟赢了藤泽。

PART 12 历史档案

春兰杯世界职业围棋锦标赛历届冠亚军

届数	时间	冠军	亚军
第 1 届	1999	曹薰铉	李昌镐
第 2 届	2000	王立诚	马晓春
第 3 届	2001	刘昌赫	王立诚
第 4 届	2003	李昌镐	羽根直树
第 5 届	2005	李昌镐	周鹤洋
第 6 届	2007	古力	常昊
第 7 届	2009	常昊	李昌镐
第 8 届	2011	李世石	谢赫
第 9 届	2013	陈耀烨	李世石

富士通杯世界围棋锦标赛历届冠亚军

届数	年份	冠军	亚军
第 1 届	1988	武宫正树　九段	林海峰　九段
第 2 届	1989	武宫正树　九段	林海峰　九段
第 3 届	1990	林海峰　九段	聂卫平　九段
第 4 届	1991	赵治勋　九段	钱宇平　九段
第 5 届	1992	大竹英雄　九段	王立诚　九段
第 6 届	1993	刘昌赫　六段	曹薰铉　九段

届数	年份	冠军	亚军
第 7 届	1994	曹薰铉　九段	刘昌赫　六段
第 8 届	1995	马晓春　九段	小林光一　九段
第 9 届	1996	李昌镐　九段	马晓春　九段
第 10 届	1997	小林光一　九段	王立诚　九段
第 11 届	1998	李昌镐　九段	常昊　九段
第 12 届	1999	刘昌赫　九段	马晓春　九段
第 13 届	2000	曹薰铉　九段	常昊　九段
第 14 届	2001	曹薰铉　九段	崔明勋　八段
第 15 届	2002	李世石　三段	刘昌赫　九段
第 16 届	2003	李世石　七段	宋泰坤　四段
第 17 届	2004	朴永训　六段	依田纪基　九段
第 18 届	2005	李世石　九段	崔哲瀚　九段
第 19 届	2006	朴正祥　六段	周鹤洋　九段
第 20 届	2007	朴永训　九段	李昌镐　九段
第 21 届	2008	古力　九段	李昌镐　九段
第 22 届	2009	姜东润　九段	李昌镐　九段
第 23 届	2010	孔杰　九段	李世石　九段
第 24 届	2011	朴廷桓　九段	邱峻　九段

获得 3 届冠军的棋手：曹薰铉（1994，2000，2001，1993 亚军）、李世石（2002，2003，2005）

获得 2 届冠军的棋手：武宫正树（1988，1989）、刘昌赫（1993，1999，1994 亚军，2002 亚军）、李昌镐（1996，1998，2007 亚军，2008 亚军）

应氏杯世界职业围棋锦标赛历届冠亚军

届数	年份	冠军	亚军
第 1 届	1988	曹薰铉	聂卫平
第 2 届	1992	徐奉洙	大竹英雄
第 3 届	1996	刘昌赫	依田纪基
第 4 届	2000	李昌镐	常 昊
第 5 届	2004	常 昊	崔哲瀚
第 6 届	2008	崔哲瀚	李昌镐
第 7 届	2012	范廷钰	朴廷桓

丰田杯世界围棋王座战历届冠亚军

年份	冠军	亚军
2002 年	李昌镐　九段	常昊　八段
2004 年	李世石　九段	常昊　九段
2006 年	李世石　九段	张栩　九段
2008 年	古力　九段	朴文垚　五段

LG 杯世界围棋棋王战历届冠亚军

届数	时间	冠军	亚军
第 1 届	1997 年	李昌镐	刘昌赫
第 2 届	1998 年	王立诚	刘昌赫
第 3 届	1999 年	李昌镐	马晓春
第 4 届	2000 年	俞斌	刘昌赫
第 5 届	2001 年	李昌镐	李世石
第 6 届	2002 年	刘昌赫	曹薰铉
第 7 届	2003 年	李世石	李昌镐

届数	时间	冠军	亚军
第 8 届	2004 年	李昌镐	睦镇硕
第 9 届	2005 年	张栩	俞斌
第 10 届	2006 年	古力	陈耀烨
第 11 届	2007 年	周俊勋	胡耀宇
第 12 届	2008 年	李世石	韩尚勋
第 13 届	2009 年	古力	李世石
第 14 届	2010 年	孔杰	李昌镐
第 15 届	2011 年	朴文垚	孔杰
第 16 届	2012 年	江维杰	李昌镐
第 17 届	2013 年	时越	元晟溱

世界业余围棋锦标赛历届冠军

1979：聂卫平 （中国）

1980：今村文明 （日本）

1981：邵震中 （中国）

1982：曹大元 （中国）

1983：马晓春 （中国）

1984：王群 （中国）

1985：汪见虹 （中国）

1986：陈嘉锐 （中国香港）

1987：今村文明 （日本）

1988：张文东 （中国）

1989：车泽武 （中国）

1990：常昊 （中国）

1991：今村文明 （日本）

1992：菊池康郎（日本）

1993：孙宜国（中国）

1994：平冈聪（日本）

1995：平田博则（日本）

1996：刘钧（中国）

1997：刘钧（中国）

1998：金灿佑（韩国）

1999：俞在星（韩国）

2000：坂井秀至（日本）

2001：李岱春（中国）

2002：付利 8 段（中国）

2003：因"非典"停办

2004：李康旭（韩国）

2005：胡煜清（中国）

2006：平冈聪（日本）

2007：单子腾（中国）

2008：河成奉（韩国）

2009：胡煜清（中国）

2010：宋弘锡（韩国）

2011：白宝祥（中国）

2012 年：乔智健（中国）

亚洲杯电视围棋快棋赛历届冠亚军

届数	年份	地点	冠军	亚军
第 1 届	1989	东京	武宫正树九段	小林觉九段
第 2 届	1990	东京	武宫正树九段	李昌镐四段
第 3 届	1991	汉城	武宫正树九段	曹大元九段

续表

届数	年份	地点	冠军	亚军
第 4 届	1992	东京	武宫正树九段	曹薰铉九段
第 5 届	1993	北京	依田纪基九段	徐奉洙九段
第 6 届	1994	釜山	大竹英雄九段	钱宇平九段
第 7 届	1995	东京	李昌镐七段	曹薰铉九段
第 8 届	1996	青岛	李昌镐七段	刘昌赫七段
第 9 届	1997	庆州	俞斌九段	王立诚九段
第 10 届	1998	千叶	依田纪基九段	马晓春九段
第 11 届	1999	天津	依田纪基九段	李昌镐九段
第 12 届	2000	庆州	曹薰铉九段	李昌镐九段
第 13 届	2001	东京	曹薰铉九段	睦镇硕五段
第 14 届	2002	北京	李昌镐九段	曹薰铉九段
第 15 届	2003	汉城	周鹤洋九段	三村智保九段
第 16 届	2004	东京	俞斌九段	宋泰坤七段
第 17 届	2005	北京	张栩九段	赵汉乘八段
第 18 届	2006	首尔	王檄五段	李昌镐九段
第 19 届	2007	东京	李世石九段	陈耀烨五段
第 20 届	2008	北京	李世石九段	赵汉乘九段
第 21 届	2009	首尔	孔杰七段	李世石九段
第 22 届	2010	东京	孔杰九段	结城聪九段
第 23 届	2011	北京	孔杰九段	白洪淅八段
第 24 届	2012	首尔	白洪淅八段	孔杰九段

NEC 杯历届冠亚军

届次	年份	冠军	亚军
1	1996 年	曹大元	郑弘
2	1997 年	邵炜刚	曹大元

届次	年份	冠军	亚军
3	1998 年	常昊	曹大元
4	1999 年	周鹤洋	常昊
5	2000 年	邵炜刚	常昊
6	2001 年	罗洗河	周鹤洋
7	2002 年	常昊	刘世振
8	2003 年	王磊	周鹤洋
9	2004 年	古力	常昊
10	2005 年	常昊	古力
11	2006 年	古力	刘世振
12	2007 年	邱峻	周睿羊
13	2008 年	古力	孔杰
14	2009 年	古力	孔杰

威孚房开杯历届冠亚军

届	年	冠军	亚军
第 1 届	2003 年	聂卫平九段	俞斌　九段
第 2 届	2005 年	孔杰　七段	周鹤洋九段
第 3 届	2007 年	胡耀宇八段	马晓春九段
第 4 届	2008 年	周睿羊五段	李康　六段
第 5 届	2009 年	孔杰　九段	陈耀烨九段
第 6 届	2010 年	古灵益五段	彭立峣五段
第 7 届	2011 年	檀啸　五段	王雷　六段
第 7 届	2012 年	彭立尧五段	范廷钰三段

中国围棋名人战历届冠亚军

届	对局年月	杯名	冠军	亚军
1	1988 年 1 月 – 3 月	健牌杯	刘小光八段	俞斌　七段
2	1989 年 2 月 – 11 月	琼联杯	马晓春九段	刘小光九段
3	1990 年 2 月 – 10 月	贵州齐墩杯	马晓春九段	俞斌　八段
4	1991 年 2 月 – 10 月	马钢杯	马晓春九段	聂卫平九段
5	1992 年 2 月 – 10 月	Fun 杯	马晓春九段	张文东八段
6	1993 年 1 月 – 8 月	金曼杯	马晓春九段	曹大元九段
7	1994 年 4 月 – 11 月	中华豪酒杯	马晓春九段	罗洗河五段
8	1995 年 4 月 – 11 月	东风乘龙杯	马晓春九段	刘小光九段
9	1996 年 3 月 – 10 月	华芳杯	马晓春九段	刘小光九段
10	1997 年 7 月 – 11 月	玉溪杯	马晓春九段	罗洗河六段
11	1998 年 3 月 – 11 月	中兴通讯杯	马晓春九段	刘小光九段
12	1999 年 3 月 – 11 月		马晓春九段	常昊　九段
13	2000 年 3 月 – 11 月	环球时报杯	马晓春九段	邵炜刚九段
14	2001 年 3 月 – 12 月	南太杯	马晓春九段	常昊　九段
15	2002 年 3 月 – 2003 年 1 月	白加黑杯	周鹤洋九段	马晓春九段
16	2003 年 3 月 – 2004 年 1 月	江南时报杯	邱峻　六段	周鹤洋九段
17	2004 年 3 月 – 12 月	四方教育城杯	古力　七段	邱峻　七段
18	2005 年 4 月 – 2006 年 1 月	中体传媒杯	古力　七段	俞斌　九段
19	2006 年 3 月 – 2007 年 1 月	外滩源杯/永城杯	古力　九段	周睿羊四段
20	2007 年 3 月 – 12 月	永城杯	古力　九段	丁伟　九段
21	2008 年 2 月 – 11 月		古力　九段	朴文垚五段
22	2009 年 4 月 – 2010 年 1 月		古力　九段	古灵益五段
23	2010 年 3 月 – 12 月		江维杰五段	古力　九段
24	2011 年 3 月 – 12 月		江维杰五段	孔杰　九段
25	2012 年 4 月 – 11 月		檀啸　七段	江维杰九段

中国围棋天元赛历届冠亚军

届	对局年	杯名	冠军	亚军
1	1987		马晓春九段	聂卫平九段
2	1988		刘小光九段	马晓春九段
3	1989		刘小光九段	江铸久九段
4	1990		刘小光九段	钱宇平九段
5	1991		聂卫平九段	刘小光九段
6	1992		聂卫平九段	马晓春九段
7	1993		刘小光九段	聂卫平九段
8	1994		马晓春九段	刘小光九段
9	1995		马晓春九段	聂卫平九段
10	1996	索华杯	马晓春九段	刘小光九段
11	1997		常昊　七段	马晓春九段
12	1998	国脉杯	常昊　八段	王磊　六段
13	1999		常昊　八段	刘小光九段
14	2000		常昊　九段	董彦　六段
15	2001		常昊　九段	丁伟　七段
16	2002		黄奕中五段	常昊　九段
17	2003		古力　七段	黄奕中六段
18	2004		古力　七段	谢赫　五段
19	2005		古力　七段	周鹤洋九段
20	2006	同里杯	古力　九段	周睿羊三段
21	2007		古力　九段	刘世振六段
22	2008		古力　九段	周鹤洋九段
23	2009		陈耀烨九段	古力　九段
24	2010		陈耀烨九段	古力　九段
25	2011		陈耀烨九段	周贺玺四段
26	2012		陈耀烨九段	周贺玺四段
27	2013		陈耀烨九段	古灵益五段

中信银行杯历届冠亚军

年份	届次	杯名	冠军	亚军
1987 年	第 1 届		聂卫平九段	曹大元九段
1988 年	第 2 届		钱宇平九段	曹大元九段
1989 年	第 3 届		马晓春九段	聂卫平九段
1990 年	第 4 届		钱宇平九段	刘小光九段
1991 年	第 5 届		马晓春九段	曹大元九段
1992 年	第 6 届	CCTV 杯	马晓春九段	聂卫平九段
1993 年	第 7 届		聂卫平九段	马晓春九段
1994 年	第 8 届		马晓春九段	钱宇平九段
1995 年	第 9 届		马晓春九段	聂卫平九段
1996 年	第 10 届		曹大元九段	王磊　六段
1997 年	第 11 届		聂卫平九段	俞斌　九段
1998 年	第 1 届	爱多杯	曹大元九段	马晓春九段
1999 年	第 12 届	CCTV 杯	常昊　九段	刘菁　八段
2000 年	第 1 届	步步高杯	丁伟　七段	罗洗河八段
2001 年	第 13 届	CCTV 杯	胡耀宇六段	马晓春九段
2002 年	第 1 届		马晓春九段	丁伟　八段
2003 年	第 2 届		周鹤洋九段	彭荃　五段
2004 年	第 3 届		古力　七段	俞斌　九段
2005 年	第 4 届		刘星　七段	古力　七段
2006 年	第 5 届	招商银行杯	罗洗河九段	王檄　五段
2007 年	第 6 届		朴文垚五段	陈耀烨五段
2008 年	第 7 届		谢赫　七段	李喆　六段
2009 年	第 8 届		孔杰　七段	周鹤洋九段
2010 年	第 9 届		陈耀烨九段	古灵益五段
2011 年	第 10 届		钟文靖五段	王磊　八段

年份	届次	杯名	冠军	亚军
2012 年	第 1 届	中信银行杯	柁嘉熹三段	连笑四段
2013 年	第 2 届		王檄九段	江维杰九段

烂柯杯历届冠亚军

届	年	冠军	亚军
第 1 届	2006 年	俞斌　九段	古力　九段
第 2 届	2008 年	古力　九段	常昊　九段
第 3 届	2010 年	谢赫　七段	江维杰五段
第 4 届	2012 年	孟泰龄六段	柁嘉熹三段

理光杯历届冠亚军

年	届	冠军	亚军
2000 年	1	常昊　九段	周鹤洋八段
2001 年	2	古力　五段	孔杰　六段
2003 年	3	孔杰　七段	刘星　六段
2004 年	4	常昊　九段	刘星　六段
2005 年	5	谢赫　五段	王檄　五段
2006 年	6	王檄　五段	常昊　九段
2007 年	7	胡耀宇八段	常昊　九段
2008 年	8	邱峻　八段	古力　九段
2009 年	9	王垚　六段	周鹤洋九段
2010 年	10	孔杰　九段	谢赫　七段
2011 年	11	檀啸　五段	李喆　六段
2012 年	12	杨鼎新三段	朴文垚九段
2013 年	13	周睿羊九段	唐韦星三段

倡棋杯历届冠亚军

年份	届次	冠军	亚军
2004 年	第 1 届	孔杰　七段	王磊　八段
2005 年	第 2 届	周鹤洋九段	孔杰　七段
2006 年	第 3 届	孔杰　七段	古力　九段
2007 年	第 4 届	古力　九段	刘星　七段
2008 年	第 5 届	邱峻　八段	刘星　七段
2009 年	第 6 届	王檄　九段	王垚　六段
2010 年	第 7 届	柁嘉熹三段	周睿羊五段
2011 年	第 8 届	古力九段	刘星七段
2012 年	第 9 届	陈耀烨九段	柁嘉熹三段

全国围棋个人赛男子组（甲组）前六名

届	时间	地点	杯名	第一名	第二名	第三名	第四名	第五名	第六名
1	1957 年	上海		过惕生	陈嘉谋	刘棣怀	黄乘忱	黄永吉	刘炳文
2	1958 年	广州		刘棣怀	王幼宸	过惕生	庞凤元	黄乘忱	黄永吉
3	1959 年	北京	一运会	刘棣怀	过惕生	黄永吉	黄乘忱	庞凤元	郑定远
4	1960 年	北京		黄永吉	王幼宸	陈祖德	过惕生	刘棣怀	赵之华
5	1962 年	合肥		过惕生	陈祖德	吴淞笙	董文渊	沈果孙	金亚贤
6	1964 年	杭州		陈祖德 五段	吴淞笙 五段	沈果孙 四段	黄永吉 四段	王汝南 二段	罗建文
7	1966 年	郑州		陈祖德 五段	吴淞笙 五段	罗建文	王汝南 二段	黄良玉	张福田 四段
8	1974 年	成都		陈祖德	曹志林	聂卫平	王汝南	罗建文	黄德勋
9	1975 年	北京	三运会	聂卫平	王汝南	陈祖德	赵之云	罗建文	曹志林
10	1976 年	合肥	决赛因毛泽东主席逝世未举行						

续表

届	时间	地点	杯名	第一名	第二名	第三名	第四名	第五名	第六名
11	1977 年	哈尔滨		聂卫平	曹志林	陈志刚	黄德勋	程晓流	谭炎午
12	1978 年	郑州		聂卫平	陈祖德	华以刚	陈嘉锐	江鸣久	王群
13	1979 年	北京	四运会	聂卫平	华以刚	王汝南	陈祖德	徐荣新	杨晋华
14	1980 年	乐山		刘小光	马晓春	陈祖德	邵震中	李青海	华以刚
15	1981 年	温州		聂卫平	马晓春	程晓流	邵震中	华以刚	刘小光
16	1982 年	北京		马晓春	邵震中	华以刚	聂卫平	刘小光	江鸣久
17	1983 年	杭州		聂卫平 九段	邵震中 六段	曹大元 六段	江铸久 五段	黄德勋 七段	陈临新 五段
18	1984 年	广州		马晓春 九段	聂卫平 九段	刘小光 七段	华以刚 八段	钱宇平 六段	廖桂永 六段
19	1985 年	南京		方天丰 六段	马晓春 九段	邵震中 七段	刘小光 八段	王剑坤 六段	宋雪林 七段
20	1986 年	洛阳		马晓春 九段	邵震中 七段	陈临新 七段	廖桂永 六段	汪见虹 七段	梁伟棠 七段
21	1987 年	镇江		马晓春 九段	梁伟棠 七段	曹大元 九段	江铸久 九段	宋雪林 七段	王洪军 六段
22	1988 年	北京	中原不 动产杯	钱宇平 九段	刘小光 九段	陈临新 八段	曹大元 九段	江铸久 九段	汪见虹 七段
23	1989 年	福州	福汽杯	汪见虹 七段	江铸久 九段	俞斌 八段	廖桂永 七段	刘小光 九段	梁伟棠 七段
24	1990 年	连云港	一洲杯	刘小光 九段	钱宇平 九段	郑弘 六段	俞斌 八段	张文东 七段	王群 八段
25	1991 年	北京	安太杯	马晓春 九段	俞斌 九段	阮云生 七段	谭炎午 七段	曹大元 九段	刘小光 九段
26	1992 年	北京	积薪杯	邵炜刚 五段	张文东 八段	周鹤洋 四段	马石 七段	陈临新 八段	俞斌 九段

届	时间	地点	杯名	第一名	第二名	第三名	第四名	第五名	第六名
27	1993 年	北京		张文东 九段	俞斌 九段	周鹤洋 四段	阮云生 七段	王磊 三段	常昊 五段
28	1994 年	长沙		曹大元 九段	俞斌 九段	钱宇平 九段	常昊 六段	汪见虹 八段 吴肇毅 八段	
29	1995 年	广州		常昊 七段	俞斌 九段	曹大元 九段	张文东 九段	吴肇毅 八段	汪见虹 八段
30	1996 年	重庆		周鹤洋 六段	俞斌 九段	王磊 六段	杨士海 七段	张文东 九段	林锋 二段 邱峻 二段
31	1997 年	安庆	安达 尔杯	丁伟 五段	邵炜刚 八段	董彦 五段	王磊 六段	罗洗河 六段	周俊勋 三品
32	1998 年	成都	汇通杯	邱峻 四段	俞斌 九段	郑弘 九段	董彦 六段	胡耀宇 五段 孔杰 四段	
33	1999 年	杭州	浙江 信托杯	周鹤洋 八段	丁伟 七段	王磊 八段 王垚 三段		刘星 四段	曹大元 九段
34	2000 年	杭州	广厦杯	罗洗河 八段	邵炜刚 九段	谢赫 四段	黄奕中 五段	杨一 四段	王磊 八段
35	2001 年	宁波	雅戈 尔杯	孔杰 六段	周鹤洋 九段	罗洗河 八段	丁伟 八段	黄奕中 五段	彭荃 四段
36	2002 年	成都	满庭 芳杯	谢赫 五段	彭荃 五段	邹俊杰 五段	古力 七段	胡耀宇 七段	张文东 九段
37	2003 年	杭州	新紫 云杯	孔杰 七段	彭荃 五段	刘世振 六段	黄奕中 五段	邱峻 六段	古力 七段

续表

届	时间	地点	杯名	第一名	第二名	第三名	第四名	第五名	第六名
38	2004 年	蚌埠	丰原·阿罗哈杯	邱峻 七段	李喆 三段	胡耀宇 七段	彭荃 五段	王煜辉 七段	黄奕中 六段
39	2005 年	济南	鲁能康桥杯	陈耀烨 五段	谢赫 六段	丁伟 八段	朴文垚 四段	邱峻 七段	张学斌 五段
40	2006 年	天津	今晚报杯	王檄 九段	古灵益 四段	邱峻 八段	孔杰 七段	时越 三段	王垚 六段
41	2007 年	德州	豪门杯	张立 四段	王垚 六段	周睿羊 五段	朴文垚 五段	孔杰 七段	朱元豪 三段
42	2008 年	沈阳	中华寺风景区杯	孙腾宇 三段	付冲 四段	古灵益 五段	柁嘉熹 三段	汪涛 三段	王昊洋 五段
43	2009 年	承德	华峰地产杯	江维杰 三段	周睿羊 五段	王雷 五段	时越 五段	张亚博 三段	廖行文 三段
44	2010 年	桂林	华蓝杯	朴文垚 五段	李康 六段	唐韦星 三段	时越 五段	刘曦 三段	江维杰 五段
45	2011 年	杭州萧山	渤海银行杯	檀啸 五段	毛睿龙 四段	佟禹林 四段	时越 五段	古灵益 五段	柁嘉熹 三段
46	2012 年	潮州	王泰兴杯	芈昱廷	连笑	柁嘉熹	李康	彭立尧	毛睿龙

全国围棋个人赛女子组（乙组）前六名

届	年	地点	冠军	亚军	季军	第四名	第五名	第六名
1	1978	郑州	孔祥明	陈慧芳	马亚兰	李扬	魏昕	黄妙玲
2	1979	北京	孔祥明	杨晖	金茜倩	何晓任	朱菊菲	黄丽萍
3	1980	乐山	杨晖	孔祥明	何晓任	芮迺伟	金茜倩	朱菊菲
4	1981	温州	杨晖	何晓任	芮迺伟	华学明	黄丽萍	郭鹃
5	1982	北京	杨晖	芮迺伟	孔祥明	牛力力	丰云	郭鹃

届	年	地点	冠军	亚军	季军	第四名	第五名	第六名
6	1983	杭州	丰云	芮迺伟	张璇	孔祥明	何晓任	杨晖
7	1984	广州	孔祥明	芮迺伟	华学明	杨晖	金茜倩	张璇
8	1985	南京	杨晖	芮迺伟	孔祥明	丰云	张璇	黄丽萍
9	1986	洛阳	芮迺伟	孔祥明	杨晖	丰云	敖立婷	金茜倩
10	1987	镇江	芮迺伟	孔祥明	杨晖	张璇	丰云	华学明
11	1988	北京	芮迺伟	杨晖	张璇	孔祥明	金茜倩	华学明
12	1989	福州	芮迺伟	华学明	杨晖	孔祥明	叶桂	张璇
13	1990	连云港	张璇	丰云	杨晖	徐莹	胡晓玲	黎春华
14	1991	北京	杨晖	丰云	叶桂	梁雅娣	黎春华	徐莹
15	1992	北京	杨晖	华学明	叶桂	刘涛	丰云	黎春华
16	1993	北京	华学明	徐莹	丰云	叶桂	杨晖	黎春华
17	1994	长沙	叶锦锦	李莹	闵娜	黎春华	刘涛	叶桂
18	1995	广州	华学明	杜宇峰	徐莹	陈慧芳	叶桂	黎春华
19	1996	重庆	黎春华	华学明	徐莹	张璇	叶桂	丰云
20	1997	安庆	徐莹	张璇	华学明	杨晖	沈静	黎春华
21	1998	成都	杨晖	张璇	梁雅娣 郑岩		李莹	孟昭玉
22	1999	杭州	黎春华	华学明	杨晖	王蕊	徐莹	梁雅娣
23	2000	杭州	徐莹	崔宁	黎春华	郑岩	曹呈	黄佳
24	2001	宁波	黎春华	华学明	叶桂	郑岩	贾倩	梁雅娣
25	2002	成都	唐盈	梁雅娣	叶桂	于梅玲	华学明	范蔚菁
26	2003	杭州	叶桂	曹呈	王祥云	梁雅娣	仇丹云	叶畅
27	2004	蚌埠	徐莹	乔诗尧	王祥云	郑岩	杨梓	黎春华
28	2005	济南	王祥云	王磐	鲁佳	范蔚菁	唐奕	郑岩
29	2006	天津	宋容慧	唐奕	王祥云	曹又尹	崔宁	黄佳
30	2007	德州	唐奕	王祥云	曹又尹	杨梓	郑岩	王倪乔

届	年	地点	冠军	亚军	季军	第四名	第五名	第六名
31	2008	沈阳	王晨星 初段	孟昭玉 二段	蔡碧涵 初段	叶桂 五段	李源鲲	殷明明 初段
32	2009	承德	唐奕 二段	郑岩 二段	李小溪 初段	陈一鸣 初段	曹又尹 三段	范蔚菁 二段
33	2010	桂林	曹又尹 三段	范蔚菁 二段	王晨星 二段	李赫 三段	叶桂 五段	宋容慧 五段
34	2011	杭州	曹又尹	唐奕	宋容慧	张越然	张佩佩	王晨星
35	2012	潮州	王晨星	鲁佳	范蔚菁	李小溪	唐奕	曹又尹